陈洁 著

创新教育文库

主编／杨钋

知识共享的原动力

来自
企业教育虚拟社区的观察

THE MOTIVATION OF
KNOWLEDGE SHARING：
AN OBSERVATION
FROM THE VIRTUAL COMMUNITY OF
ENTERPRISE EDUCATION

社会科学文献出版社
SOCIAL SCIENCES ACADEMIC PRESS (CHINA)

"创新教育文库"编委会

创新与共享

周虽旧邦，其命维新。

《诗经·大雅·文王》

创新是高质量教育发展的立足点和目标。党的二十大报告提出，必须坚持科技是第一生产力、人才是第一资源、创新是第一动力，深入实施科教兴国战略、人才强国战略、创新驱动发展战略，开辟发展新领域、新赛道，不断塑造发展新动能、新优势。创新是社会发展的驱动力，教育领域的创新是全社会创新的来源。

近年来，创新理论的发展日益关注共生创新和开放式创新，提出了促进创新产生需要网络化合作。经典的合作者网络共生创新模型包含内部合作、消费者合作、价值网络合作、开放式合作和生态合作五个层次。该理论的新发展方向是通过实践共同体促进创新。实践共同体是联系紧密的群体，是经过长时间的共同实践，成员自发紧密结合的团体，能够给成员提供归属感和承诺。实践共同体是一个环境，在这里知识能够被创造和共享，从而能够提高创新的效率和效益。

近年来，创新理论被广泛应用于指导教育领域的创新，也被用来研究教育领域的创新。"创新教育文库"第一辑收录的三本著作，从不同层次的合作者网络视角，分析了国内外的教育创新。《知识共享的原动力：来自企业教育虚拟社区的观察》采用大型跨国企业内部教育虚拟社区的丰富数据，分析了以内部合作为代表的合作者网络共生创新过程。企业内部教育虚拟社区属于控制力量驱动的实践共同体，管理者提供了必要的支持，以使实践共同体得以实现其知识目标。该研究发现组织通过开发方式，利用关键人物力量，开展了持续的渐进式创新活动。这一发现证实了企业作为教育创新主体的可行性和重要性，也验证了利用和探索是组织中知识创造过程的本质，为企业参与教育创新指明了方向和组织条件。

《父母参与的力量：中学生在线学习启示录》关注家庭与教育机构之间构建的消费者合作网络，父母和学生作为在线教育的消费者参与了学习的共同创造过程。在教育实践共同体中，父母致力于解决控制和自主性之间的矛盾，引导子女探索新知识领域。实证分析表明，父母参与促进学业成就的关键是提高学生在线自主学习能力，这验证了实践共同体驱动力理论的结论。

《平等而不同：芬兰应用科学大学的科研发展》在价值网络合作层次，分析了高等教育机构与其主要利益相关者——国际组织、政府、企业之间的价值创造和价值传递过程。该研究关注作为后发高等教育机构的应用科学大学，在发展科研功能的过程中，基于环境条件，构建不同组织模式来支持新功能的发展。在控制性驱动和自主性驱动的双重作用下，高校进行知识重组，向社会提供了全新的知识产品。该研究验证了组织可以围绕新的组织功能建立实践共同体，并通过不同实践共同体之间的链接，促进知识共享，拓展实践共同体的边界。

"创新教育文库"第一辑收录的著作，敏锐地识别出教育领域的创新性组织、创新性学习方式和教育组织的创新性功能，并综合应用组织学、管理学、经济学和教育学等多学科理论进行了分析。这些研究虽然来自教育研究领域，但它们不约而同地与合作者网络共生创新模型进行了对话，凸显了通过实践共同体进行创新的重要性和巨大潜力，开辟了教育创新研究的新方向。

我国不同历史时期出版了不少具有创新性的教育文库，如民国时期的"新中学文库"和"国民教育文库"等。这些文库引领了对教育历史和实践中创新的关注。"创新教育文库"旨在继承和发扬文库在知识创新和知识共享方面的优势，以发掘和推荐对教育领域的创新性组织、创新性学习方式和教育组织的创新性功能的研究为己任，以支持教育创新研究和我国教育事业的高质量创新发展。

编委会倾力谋划，经学界通人擘画，终以此文库呈现在读者面前。文库草创，难免有不成熟之处，诚盼专家学者和广大读者共襄助之。

杨 钋

北京大学教育学院教育经济与管理系主任

北京大学教育经济研究所长聘副教授

2022 年 10 月于北京大学燕园

目　录

序　一

　　陈洁是我带的一位在职博士研究生，欣闻她在博士学位论文基础之上出版了这本专著，我很高兴应邀作序。陈洁博士作为企业高管，工作繁忙，然她能很好地处理工作与学习的矛盾，最终能在不长的时间完成学业，并且获得北京大学教育学院优秀博士论文奖，难能可贵。她付出了比常人更多的努力，求学精神与人生奋斗精神值得赞赏。

　　博士学位论文的选题是一件痛苦的事情，但是一旦选题成功，论文就算完成了一小半。陈洁同样经历了这样的选题煎熬。在职博士研究生如何选题？我结合陈洁的选题过程谈谈感受。第一，将博士学位论文选题范围与个人人生的专业追求结合起来。你希望自己未来人生的专业标签是什么？你希望自己在他人心目中是哪方面的专家？这样才能将博士学位论文的撰写与研究兴趣、研究动机结合起来，解决高难度、高强度博士学位论文研究的原动力，否则论文撰写将是一个很痛苦的过程。陈洁根据自己的工作特点与爱好，很清晰地将自己定位为知识管理专家。通过博士论文的锻造及大量文献的阅读，很高兴地看到她现在达到了预期目标。第二，多看文献，聚焦具体问题。仅仅确定了选题范围还不够，还需要进一步确定具体的研究问题，要以小见大，小切口大深入，小问题大研究，去发现深层次的社会科学规律。这就需要多看文献，全面了解其他学者的相关研究前沿，找到自己的研究创新点。陈洁找到了基于虚拟社区研究知识共享这个创新点，因此她很快就充满了研究的动力。

企业的知识共享很重要，它能大幅提高员工工作效率，促进企业创新，是构建学习型组织的基础。我们处于一个知识爆炸的年代，以前知识的升级迭代可能需要 20 年，现在只需要 5 年。身处职场的每一个人都需要不断学习，以满足工作岗位上知识与技能的挑战。从党的十六大到党的二十大，党中央报告反复提出"终身学习""建设学习型社会"的政策要求，就是因应知识经济时代对于每个人知识技能的更高要求。知识来源于哪里？按照 OECD 的知识分类，有 know-why、know-what、know-how、know-who 等类型，这些知识来源于高校，或者来源于企业。高校的知识共享相对容易，因为学者们有希望共享知识的原动力，每位学者都希望将自己的知识在影响因子高的刊物发表出来。而企业的知识共享就比较困难，因为在企业共享知识对员工个人来说往往是无私奉献，另外，员工之间可能出现的工作竞争关系也阻碍了知识共享。因此，这本书选择企业中知识共享问题进行研究，努力去破解现实中的企业知识共享难题，具有重要的学术价值与实践价值。

这本书特别选择虚拟社区的知识共享作为研究对象。什么是虚拟社区？其实质是基于信息技术的网络交流空间，因此研究信息技术下的知识共享问题具有重要的意义。一方面，现代企业的知识管理已经离不开信息技术，无论是知识存储还是知识检索，目前都基于信息技术平台。另一方面，基于 WEB 2.0 的大众知识生产与知识共享是未来趋势，知识生产与知识共享并不是精英的专利。以虚拟社区的知识共享作为切入点，研究大众化的、基于网络的新型知识共享问题，具有独特的视角。

这本书以某企业虚拟社区"AQA 系统"作为研究对象，对来自 161 家企业的 1051 名平台用户进行聚类分析，刻画关键知识贡献者的人力资本特征，并采用多层线性模型探讨了个体和组织人力资本要素对知识共享行为的影响。对 17 名用户进行了半结构化访谈，形成了知识共享的影响机制模型和知识共享影响机制量表。此后，作者实施了两轮问卷调研，分别收回 326 份和 696 份样本数据用于预调研和正式调研。通过探索性因子分析、验证性因子分析和结构方程模型分析，构建并检验了虚拟社区的知识共享影响机制模型。基于人力资本理论和 UTAUT 模型，建立了虚拟社区中知识共享行为的影响因素以及作用机制的分析框架，并分析了人力资本和其他因素对知识共享行为的影响，以及共享意向在影响因素与共享行为之间的中介效应。

这本书揭示了知识共享行为的影响因素、作用路径及其效果，创新性地将组织人力资本要素应用于知识共享研究，扩宽了人力资本理论的使用场景。关键知识共享者的研究对于企业合理安排人力资本投资、降低成本、提高投资收益、提高知识生产的数量和质量具有实践意义。知识共享影响机制的构建对于解决组织知识管理中的共享意愿不高、隐性知识流失、激励资源有限等问题，以及提高整个社会的知识生产能力、打造知识经济、打造学习型社会都具有指导价值。

兹将陈洁的这本专著推荐给企业教育、知识管理的研究者以及在企业中从事企业教育、知识管理的工作者。

吴 峰

北京大学教育学院教授、博士生导师

2022 年 10 月于北京大学燕园

序　二

　　知识共享一直都是人类文明得以延续的表征。依托互联网进行的知识共享是人类面对技术发展进步的选择，具有时代性。互联网信息和知识传播的过程表现在心理学意义上，是人们通过对信息、符号的认知、理解，转化为态度和行为的过程。这个过程本质上是人的心理活动的过程，是人们对信息刺激做出的行为和心理上的反应。人际的态度、行为和文化等都会对信息传递和共享直接产生影响。互联网信息的动态性传播是在一个复杂、多变的动态过程中进行的。在这个过程中，活动的主体是人，人的行为受到其所处的社会文化、环境、个人情感、动机、适应需求、态度等多方面的影响。

　　在互联网环境中，互联网会赋予人们一种"虚拟角色"，这个角色与真实角色不同，它不受社会环境的影响，是一种获得性角色，并且这种角色完全出自个体的意愿，所以在互联网环境中，虚拟角色的工作是以"自我表达"为主，兼有"互动"的功能，同时其角色"规范"的成分会少一些。研究这些虚拟角色在互联网中传播信息的心理动机也是很有意义的一项工作。

　　近年来，积极心理学成为非常重要的心理学潮流，积极心理学的研究者认为每个人都有积极向上，成为最好自我的动机。从稳定的积极心理品质，到稳定的积极心理过程，最后到稳定的积极心理行为意向，构造出全面的积极心理活动。积极正面的态度和取向，也成为互联网中利他行为的心理动因。本书将互联网信息传播具象到企业教育虚拟社区的知识共享行为，对知识贡献者共享知识的动机进行了分析，验证了一些积极的心理动机，例如荣誉感、成就感等对知识共享行为的促进作用。

我和作者初识于 2002 年，当时她还在读硕士，我是她的任课教师。二十年间，我们亦师亦友，我见证了作者在工作生活中的成长，在学术道路上的探索，当作者邀请我作为其博士阶段的校外导师时，我便欣然应允下来。这本书源自作者的博士学位论文，出于对实践工作中的困惑，作者试图找到促进企业知识共享的"任督二脉"，抓住关键贡献者，对促进其进行知识共享的关键因素进行刺激和干预，从而提高知识共享的效能。在博士论文的写作中，我们经常共同讨论，将心理学的一些理论和方法应用到这一研究中，历时三年的研究和创作，今日终于付梓。

共享知识不仅仅对于理论有意义，而且对于企业，对于全社会都有意义，它提供了一个知识窖，将个体经验共享成为大家共有经验，其意义超越了个体直接感受，真正体现了学习社区共同发展的思想。所有人的经验最终构建成为人类认知过程中的点点滴滴。这本书以案例为起点，以实际的企业为蓝本，提供了一个示范性案例，具有实践意义，可以促使读者离开表面思维，看到底层逻辑。其意义不仅对于作者，而且对于同行业同仁，乃至社会观察者都具有借鉴意义。

作者以身边案例和经验为知识，以时近时远的视角审视生活过程，成就自己对于生活的理解，也是非常值得欣赏和赞誉的。

中国人民大学心理学系教授，博士生导师，心理学系主任 胡平
2022 年 10 月

第一章　新常态下"非常态"的
企业教育模式

第一节　企业教育的现实困境："减预算"与"增效能"

作为公司的首席教育官，你是否觉得下面的场景非常熟悉？

场景一

7 月初的一个闷热早晨，首席教育官 Victor 来到公司打开电脑，感受一下空调带来的清新凉爽，然而，扑面而来的万千邮件中，有一封来自财务部门的邮件让他的呼吸一紧——

亲爱的同事们，我们很高兴地通知您，今天我们要开始做明年的预算，为了达成成本效率，原则是在以往的预算上减少 10%，感谢您的理解！

邮件很礼貌，洋溢着开始新规划的喜悦，Victor 却高兴不起来。

场景二

CEO：Victor，为什么最近车间的技术表现在下滑？现在员工的技术岗位认证率达到了多少？

Victor：高级技工的流失率越来越高，走的都是技术骨干。新技工的培养需要周期，我们加大了培训力度，目前认证率已经达到 80%。

CEO：不够，远远不够。

Victor：我们需要考虑员工离职率因素，而且培训预算一直在减……

CEO：100%。

场景三

Victor 推开首席财务官（CFO）紧闭的大门，如同所有公司的财务部门一样，氛围是那么紧张肃穆。

Victor：CEO 要求提高认证率，我们需要申请额外预算。

CFO：公司的利润情况你也知道，现在全公司都在降低成本提高效率，你们部门自己的预算使用是否可以再优化一下，比如，这项培训为什么一定要面对面呢？是否可以采用远程培训？这样可以节约场地和差旅费用。

Victor：因为这是一项技术培训，需要手把手指导……

CFO：相信你们，可以解决！

一 问题的缘起

写作本书的灵感来源于工作实践，研究初衷是解决企业在线教育实践中的诸多困惑。随着信息技术的发展，企业教育迎来了新的发展契机。知识作为企业人力资本要素的核心内容，在企业内部虚拟共享平台上获得了加速流动的机会。但是，在微观实践层面，企业内部的知识共享面临困境，例如员工的知识共享意向薄弱、组织的资源支持有限、员工流失带来隐性知识流失等。这些困境阻碍了企业人力资本的更新，阻碍了企业的技术创新和发展。

本书以某全球化汽车企业为例,对其企业教育中的困境和解决方案进行了深入剖析,希望能够为解决困境带来启示。该企业面临组织的人力资本需求增长和人才培养供给不足的矛盾。一方面,员工的高流失率导致隐性知识流失,销售人员的流失率达到 50%,售后技术人员的流失率达到 25% 左右。培养一个成熟的优秀技师至少需要 3 ~ 5 年,随着员工离职,依附于员工的人力资本、隐性知识随之流失,导致服务质量和客户体验受到负面影响,企业不得不重复投资,不断对新员工进行培训。另一方面,企业创新对于员工的人力资本提出了更高的要求。汽车产业的发展日新月异,从电动车、智能互联到无人驾驶,汽车技术颠覆式创新,加上汽车的结构日渐精密和复杂,这些要求汽车维修人员的知识迅速迭代。组织的知识需求和知识供给方面的矛盾在加剧,一方面人力资本、隐性知识在流失,另一方面新的显性知识层出不穷,要求维修人员不断提高知识技能,并且迅速实现从显性知识到隐性知识的转化,使技术人员做到能懂、会用。

为了解决这些问题,本书的研究对象——某汽车制造公司于 2018 年搭建了一个"汽车知识问答平台"(Automobile Question & Answering System,AQA),希望借助互联网突破地域限制,让全国各地乃至世界各地的数万名维修技师能够在同一平台上分享知识,把个人的隐性知识外化为结构化的组织知识。这个项目得到了该公司全球总部的重视,希望把中国经验推广到全球。但是在项目实施过程中,项目组面临诸多困境。首先,培训预算逐年削减,企业的人力资本投资意愿不强。其次,技师缺乏参与知识共享的积极性和可持续性。常言道"教会徒弟饿死师傅",维修经验和个人的资源、地位息息相关,知识私有的价值观还在影响着员工的共享意向。如何利用有限的投资,驱动全国数千名技师把自己积累的宝贵知识分享出来?这些人分享知识的原动力是什么?有没有一个关键抓手能解决这个问题?按照二八原则,80% 的收入由 20% 的关键生产者贡献,在知识共享领域是否也存在这个规律？如果存在，能否抓住这 20% 的人，研究他们的行为，并进行精准激励？这些问题一直萦绕在项目组研究人员的脑海中，也促使项目组对于员工的学习模式、企业内部知识共享的效率、企业的教育技术进行深入探讨。

二　企业教育虚拟社区中知识共享的困境

促进员工之间的知识共享，实现同伴互助学习，从而提高知识的传播效率和实践转化，是企业教育的重要课题。在学校教育领域，实现从传统、被动式的"教师教"到主动式的"学生学""同伴教"，已逐渐成为共识（吴艾辉等，2019）。但是，知识共享和互助学习在企业教育实践中还存在很多障碍。虽然信息技术的发展为企业教育提供了新的契机，但是互联网也并非拯救一切的"万能圣药"。一直以来，组织内的知识共享都存在诸多困境，使得企业教育的投资收益受到影响。这些困境包括员工的知识共享意向薄弱、组织的资源支持匮乏、员工的高流失率带来隐性知识流失等。互联网的发展虽然为克服这些困境带来了新契机，但也带来了技术和管理方面的新挑战，具体而言，组织内部的知识共享困境有以下几个方面。

第一，隐性知识占据组织知识的主体。长期以来，由于知识共享依靠纸质文档实现，文档中的知识难以搜索和使用，知识共享或由个人在文档中摸索学习，或由师徒手把手传承。这种情况塑造了知识专家的存在，增强了个体的隐性知识，造成了知识垄断。组织内部 10% 是结构化数据，其余 90% 是数据库无法存储的非结构化数据，即员工的隐性知识（孟凡强等，2001）。实现组织内部隐性知识的共享是知识管理实施的关键。

第二，组织成员的知识共享意愿低。企业内部普遍存在的问题是专业人员对知识共享有极大的顾虑，其中最主要的是大部分专业员工不愿意共享自己重要的知识资产，使得知识无法在企业内转移，进而无法得到最佳的利用与配置。虽然不同企业在知识共享方面面临的挑战不尽相同，但是员工不愿意分享知识却普遍存在（单雪韩，2003）。在某些工作领域，尤其是技术工作领域，知识与个人的资源、财富相关，拥有了知识就可获得竞争优势或保护自己的利益，而一旦外泄这些知识，其相应的优势就会丧失，自身的利益就会受到损害，这使得知识拥有者带有知识私有的观念，而不愿意参与知识共享（盛小平，2009）。知识管理最大的困难就是"改变人们的行为"（Ruggles，1996），企业若要顺利推行知识创新，就要解决员工的知识共享意愿问题，进而促进员工的知识共享行为。

　　第三，人员流动量过大也成为知识型企业的常见问题。苏州市统计局于 2020 年 8 月发布《苏州用工总量稳流动性高——苏州规模以上企业用工情况调查报告》。苏州市 491 家企业参与了调研，结果显示 2020 年上半年离职员工数量占到期末从业人员数量的 24.4%，有近一半的企业表示该企业缺少专业技术人员，存在"招工难"的问题，且绝大多数企业认为用工人数变动与疫情无关。麦可思研究院发布的"就业蓝皮书"——《2019 年中国本科生就业报告》《2019 年中国高职高专生就业报告》显示，2018 届本科毕业生的离职率为 23%，高职高专毕业生的离职率为 42%（杨柠屹，2021）。在高流动性的劳动力市场中，就企业专有知识的培训而言（所培训的知识仅对该公司有用），员工从公司离职就意味着资本损失（Oi，1962），员工离职将导致培训企业无法获得技能投资的回报，理性企业在长期博弈中会选择不培训策略，试图通过从其他企业"挖人"获得高技能劳动力。若多数企业采用不培训策略，就会出现技能错配和技能短缺现象（杨钋，2020），人力资本更新和企业创新也就无从谈起。将知识从一个特定的人或一个过程中分离出来，并将其传递给其他需要知识的人，对组织来说是一项艰巨的任务（Susarla et al.，2004）。有些企业提出"留知不留人"正是为了实现员工和知识剥离而不是通过留存员工留存知识。如何在员工就职期间促使其将个人的隐性知识分享出来，并转化为组织的知识资产，成为企业教育面临的重要问题。

第四，组织支持资源的有限性也成为组织内部知识共享的障碍。组织的支持资源包括人力资源、预算、管理者投入的时间等。对于以营利为目的的组织而言，资源的安排会优先考虑当下可以产生直接收益的项目，例如销售活动、市场项目。知识共享投资属于人力资本投资，为组织带来的收益往往是长期、间接的，组织对其进行资源配给的优先级较低。同时，虚拟社区的经营和维护成本高昂，动辄百万元甚或千万元（原丽丽，2008）。在此情况下，如何提高投入产出比，用有限的投入带来更多的知识生产，成为人力资本投资收益的重要研究课题。

第五，虚拟社区的管理与传统组织的管理存在差异。传统组织拥有有形的办公空间、明确的办公时间，在如何完成任务和何时完成任务方面灵活性较低。而虚拟社区基于互联网，没有物理性工作场所，在地域上几乎没有要求，在完成任务的时间上更具弹性，组织也较为松散。在虚拟组织中，知识共享发挥着组织运作的基础性作用，虚拟社区的管理以知识共享为平台，推动知识资源在不同的时间和地域中流动，完成价值创造（徐锐和黄丽霞，2010）。虚拟社区的知识共享机制与传统组织的知识共享机制不同，在流程、收益、技术和动机方面存在差异（Lenart-Gansiniec，2017；徐锐和黄丽霞，2010）。传统线下的管理方式和激励方式不能一成不变地迁移到线上。Merkevičius和Uturytė（2008）对虚拟组织和传统组织员工激励点的差异进行研究后提出，对于虚拟组织员工来说，自主决策是更重要的激励因素；而对于传统组织员工来说，对所完成的工作负责更为重要。虚拟组织员工更倾向于与他人交流，而传统组织的员工在有目标时会感到有动力。因而，对企业教育虚拟社区的知识共享动机进行研究并提出相应的激励策略成为互联网背景下发展出的新课题。

综上所述，在组织内部资源有限的条件下，如何促进知识共享行为是企业教育的难点。本书通过研究企业内部知识共享行为的特征，提出促进知识共享行为的策略。其一方面为我国这一研究领域提供佐证和建议，另一方面也可应用于企业的教育创新。

第一，节约人力资本投资成本，提高投资收益。目前大部分企业对知识共享投入的资源非常有限，无论是预算投入还是管理人员投入都面临挑战。企业对投资回报的需求使企业追求以最小的投入获得最大限度的知识共享效果。尽管学术界对于知识管理在企业运营中的战略作用反复论证，知识经济和学习型组织的口号在企业人力资源管理的纲领中反复提及，但是当这些口号面对预算时，一切都变得苍白无力。尤其是职业经理人管理的公司，由于任期有限，高管关注的永远是短期效益和当前利益，像知识管理投资这样着眼长效的战略项目，优先级往往会一再降低。在这种情况下如何用最小的投入打动企业决策者，获得最高的知识生产和人力资本投资收益，对于实践领域意义重大。本书通过实证研究，试图打通促进企业知识共享的"任督二脉"，抓住关键贡献者，对促进其进行知识共享的关键因素进行刺激和干预，从而提高知识共享的效能。同时，对于知识共享机制的研究有助于解决组织知识管理中的共享意愿低、隐性知识流失、激励资源有限等问题，提高整个社会的知识生产能力，对打造知识经济、打造学习型社会都具有参考价值。

第二，从中观产业层面来看，对于我国汽车行业的发展具有重要意义。汽车行业一直被称为工业引擎，对国民经济的贡献毋庸置疑。当前我国汽车行业的自主研发能力虽然快速提高，但与国际巨头尚有差距。同时，汽车行业的技术革新日新月异，例如新能源、无人驾驶、智能互联等新技术层出不穷。如何快速促进汽车行业的知识生产，进而支持和带动汽车行业的研发创新，不但对于汽车企业具有重要意义，而且对于建设创新型国家也具有借鉴价值。目前，汽车行业的知识管理还比较薄弱，汽车生产商的着眼点还停留在工厂管理、技术引进、销售和服务管理等方面。在实践方面，知识管理远远没有被提到战略高度；在理论方面，专注于汽车行业知识管理的研究非常匮乏。本书以某国际汽车企业为研究对象，该企业在全球汽车行业发展方面处于领先地位，拥有全球的知识储备和经验支持，总结其实践经验，对于我国汽车行业的知识生产具有前瞻意义。同时，通过对中国实践的总结以及跨国集团的内部推广，可以促进全球的知识共享。

第二节 时代东风正劲，企业教育能否"扶摇九万里"

2016 年，中共中央、国务院印发了《国家创新驱动发展战略纲要》（以下简称《纲要》），指出"创新驱动是国家命运所系"。党的十八大提出实施创新驱动发展战略，强调科技创新是提高社会生产力和综合国力的战略支撑，必须摆在国家发展全局的核心位置。

企业是创新驱动发展战略得以实现的微观基础（陈劲等，2017）。《纲要》指出，虽然我国创新驱动发展已具备发力加速的基础，但许多产业仍处于全球价值链的中低端，企业创新动力不足，领军人才和高技能人才缺乏，创新型企业家群体需发展壮大。《纲要》提出了七项重要战略任务，其中第五项任务提到了企业创新的重要作用，即壮大创新主体，引领创新发展，培育世界一流创新型企业。鼓励行业领军企业构建高水平研发机构，形成完善的研发组织体系，集聚高端创新人才。

所谓创新驱动实质上是人才驱动（闵维方，2017）。人力资本更新、人才培养是企业创新系统的重要支柱。《纲要》的第七项战略任务提到了创新型人才培养，指出要加快建设科技创新领军人才和高技能人才队伍，倡导崇尚技能、精益求精的职业精神，在各行各业大规模培养高级技师、技术工人等高技能人才。人才培养是企业创新的支柱。教育的发展决定人力资本的水平，人力资本的水平决定产业的高度。教育培养创新人才，促进知识创新和科技创新，教育的发展为事业产业升级提供了必要的人力资源基础，也反映了产业发展对教育的客观要求（闵维方，2017）。

培养创新人才需要企业教育创新。中国人力资源数量巨大，但是质量不高。国家统计局第六次全国人口普查数据显示，2014年，中国劳动力资源人口为全球第一，达到92148万人，而联合国开发计划署2015年的数据表明，中国的人力资源指数为0.719，全球排名第91位，两者形成巨大反差（吴峰和李杰，2015）。企业提升人力资本的传统方式是内训系统，但是培训方式简单（杨颖，2001），企业人力资本更新在实践和科研领域仍需进一步探索，创新人才培养需要企业教育在方法和模式上不断创新。

一　企业技术创新急需知识共享

知识是企业技术创新的基础，是企业竞争优势的重要来源。企业的技术创新需要依赖其核心要素——知识的支持，多样化知识的获取和积累是企业创新的重要基础。组织内的知识赋予组织创新能力，可以帮助组织应对环境的变化（Susarla et al.，2004）。自20世纪60年代起，社会学家、经济学家就指出了知识的重要性，提出后工业社会理论的丹尼尔·贝尔（1997）指出，由于资本和劳动向信息和知识转变，以知识为资源的服务业将取代工业的地位。阿尔文·托夫勒（1983）预言，权力的来源将由军事实力向经济实力转变，然后向知识能力转变。随着获取知识的途径不断拓宽和加深，知识的重要性也在不断提升，知识正日益成为企业最大的差异化来源。

知识共享是知识管理的核心内容。今天的组织理论甚至提出要用"分享知识就是力量"来取代弗兰西斯·培根的名言"知识就是力量"（林慧岳和李林芳，2002）。通过知识共享，知识从个体拥有向群体拥有转移，各个知识共享者可获得相应收益。Quinn 等（1996）认为，通过知识共享，共享方和接收方获取的信息和经验都将呈线性增长；随着知识共享的进行，参与方若能对所获取的信息或知识进行反馈和延伸，则其获得的信息或经验就会获得指数增长。

我国企业的知识管理仍具潜力。安永咨询（EY Consulting）于 2013 年针对"企业成功的决定性因素"这一议题执行了一项在线调研，调研的对象平均分布在中国、德国、印度、英国和美国，涵盖 5 个行业、303 名企业决策者。调研结果显示，与美国、英国、德国、印度相比，中国的企业家对知识重要程度的认可是最低的。中国的企业家认为知识远不如产品重要。对知识重视度最高的是德国，其后是美国、英国、印度。位列第四的印度，其国内企业家对知识的重视度较中国企业家高出 10 个百分点。调研认为，许多地区性行业缺乏以知识为中心的文化，知识管理局限于项目层面。未来中国应加强对知识领域的投资，以创新经济发展模式。

二 信息技术发展为企业教育提供了新契机

信息技术为企业教育创新提供了技术支撑。Web 2.0 是互联网的一次理念和思想体系的升级换代，互联网的主导力量由少数资源控制者转变为广大用户的集体智慧。博客、维基、知乎等具体技术、产品和服务，都是 Web 2.0 网络应用模式的载体（梁林梅和李志，2018）。

近年来，我国网络信息技术不断创新突破，数字化、网络化、智能化深入发展，经济数字化转型成为大势所趋。2019 年 5 月，工业和信息化部、国务院国有资产监督管理委员会印发《关于开展深入推进宽带网络提速降费支撑经济高质量发展 2019 专项行动的通知》，提出促进"互联网+"行动深入开展，助力网络强国建设。根据中国互联网络信息中心 2021 年 2 月发布的第 47 次《中国互联网络发展状况统计报告》，截至 2020 年 12 月，我国网民规模达 9.89 亿人，互联网普及率达 70.4%，较 2020 年 3 月提升 5.9 个百分点；我国手机网民规模达 9.86 亿人，网民中使用手机上网的比例由 2020 年 3 月的 99.3%提高至 99.7%（见图 1-1）。

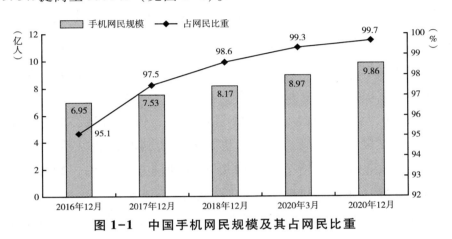

图 1-1　中国手机网民规模及其占网民比重

资料来源：第 47 次《中国互联网络发展状况统计报告》。

第三节　帮助企业打通知识共享的"任督二脉"

王辞晓等（2020）梳理了高校在线教育的发展脉络、现状和转型机遇，指出随着信息技术的发展和普及，教育技术也在不断发展，从现代远程教育试点项目到慕课，再到大数据、人工智能在教育教学中的应用，技术发展促进了教学发展与教育变革。与面授学习相比，在线学习具有独特优势：任何人可随时随地学习；学习成本随着学习人数的增长而降低，边际成本接近于零。在线教育的发展为成人学习带来了新的机遇；在线教育的出现拓展了成人学习的广度；慕课的出现提高了成人学习的自主性，增强了成人学习的深度；基于互联网的移动学习驱动了员工的知识创造，使员工学习获得内驱式加速，促进其知识的建构（吴峰和李杰，2015）。

网络技术的发展让企业能够立即接触到背景、技能和知识千差万别的人群，这些人几乎遍布整个地球。虚拟社区突破传统地域限制，每一个互联网用户都是潜在知识源，基于在线社区平台的虚拟知识共享可以提高创造力和沟通质量，提高员工生产力，提高组织取得成功的可能性，同时优化学习（Lenart-Gansiniec，2017）。随着互联网的发展及"互联网原住居民"的出现，用户表现出越来越强烈的协作意愿。为了满足个性化及动态化的需求，网络用户愿意更早地或者更大程度地参与企业的创新过程，体现出足够的参与感。互联网不仅仅是计算机的联网，更是人类大脑的智慧联网，将大众的智慧引入企业，能使公司多解决30%的问题（王姝，2012）。互联网的发展打破了时间和空间的限制，使得企业能更快捷方便地与用户互动，组织用户协同创造出符合企业需求的知识。在此前提下，应运而生了一种全新的知识生产和创新模式，即基于企业教育虚拟社区的学习形式。

虚拟社区为企业教育提供了新的场域，促进了同伴互助学习的发展。夸美纽斯在《大教学论》中就已提及"教学的主要目的在于：寻求并找出一种教学方法，使教员可以少教、学生可以多学"。互联网的普及为学习创造了一种虚拟场景，使学生可以打破时空，随时可以向来自世界各地的同伴、专家请教，从而实现"老师教"到"同伴教"的转化，达成更多的自主学习和互助学习。就企业而言，这一教学模式的转化可以促进"干中学"，降低企业教育的成本，提高企业教育的效能，促进知识向生产力的转化。在组织管理实践中，很多企业的核心知识由研发人员创造，其创造的知识数量和共享程度受到研发人员数量有限的影响。研发人员进行知识编码和传播，又往往生涩难懂，"不接地气"。以汽车维修知识为例，维修人员在拿到研发部门下发的维修指导时，要花大力气进行"实践转码"，变成一线维修技师通俗易懂的教程。汽车维修技师遍布全国各地，面对面培训虽然普及性高，但是成本高昂、针对性低，不能定制化地解决某一具体技术问题。虚拟社区为一线人员加速学习、共享知识、交换经验提供了高效便捷的平台。在此平台上，一线维修人员可以将日常维修实践中积累的活生生的经验由隐性知识转变为组织可编码、可传播的显性知识，知识的创造打破了少数技术专家的垄断，实现了"全员创造知识""一线人员创造知识"。在平台中学习的知识又可以马上在实践中验证，验证结果继续在平台进行分享，实现"知行合一"。

第四节　如何阅读本书

一　本书要回答的问题

我国持续推进互联网普及，信息技术快速发展，为企业教育创新、人力资本更新、知识共享提供了新的技术契机。实践中，我国企业家对于知识重要性的认知程度相对较低，企业教育模式有待发展，企业内部知识共享面临很多挑战。在此情境下，研究如何在新技术浪潮中创新企业教育模式，提升知识共享，促进人力资本增值，从而为提高企业创新能力提供借鉴，进而贡献于创新型社会建设，有着重要的现实意义。本书要回答的问题包括以下几个方面。

一是针对组织内部虚拟社区知识共享行为特征进行研究。前人的研究发现虚拟社区里的知识贡献是不均衡的，存在关键贡献者和"潜水者"。已知文献中还很少涉及这一问题，因而该项研究具有理论意义和现实意义。少数国外研究中对互联网平台上的知识共享行为进行了分析，提出了90：9：1的原则，即1%的用户贡献了90%的知识，另外10%的知识由另外9%的用户贡献（Nielsen，2006），但是聚焦组织内部虚拟教育社区中知识共享行为的研究尚较匮乏，对关键知识贡献者（简称关键贡献者）的人力资本特征尚无描述。企业内部的虚拟培训社区中，是否也存在关键贡献者？他们具有什么样的人力资本特征？对这些关键知识贡献者进行发掘和描述，可以丰富组织人力资本以及企业内训的研究，为组织内实施有重点的知识共享管理策略提供理论依据。

二是基于三种场域，结合人力资本理论和技术采纳整合模型研究知识共享行为的影响因素。这三种场域包括：组织形式方面，聚焦组织内部；知识分享的技术方面，聚焦互联网虚拟社区；知识共享平台类型方面，聚焦知识问答型平台。出于组织内部数据的可获得性限制，目前聚焦这三个场域的知识共享研究比较匮乏。前人大多采用心理学、社会学或信息管理学相关理论对虚拟社区的知识共享影响机制进行研究；本书采用人力资本理论、技术采纳和使用整合模型（Unified Theory of Acceptance and Use of Technology，简称 UTAUT 模型或整合模型）相结合的研究框架，探讨人力资本因素对教育虚拟社区中知识共享行为的影响，以及知识共享行为的影响机制。本书的相关研究将丰富知识管理研究的模型和结论。

三是讨论个体人力资本和组织人力资本对知识共享行为的影响。虽然现有文献已证实个体人力资本和组织人力资本对企业绩效有影响，但是从人力资本的视角研究知识共享的相关文献较为有限，尤其是关于组织人力资本与知识共享之间关系的研究较为薄弱。本书试图发掘个体人力资本、组织人力资本要素对知识共享行为的影响，从而丰富知识共享的研究，扩展人力资本理论的应用场景。

综上所述，基于企业知识创新、教育创新和互联网技术发展的宏观背景，探讨企业教育虚拟社区里知识共享行为的影响因素，提炼出本书的研究课题——如何促进企业教育虚拟社区中的知识共享。在此核心问题下，分解出以下三个递进的子问题。

（1）企业教育虚拟社区中，员工的知识共享行为具备哪些特征？是否存在关键贡献者？这些关键贡献者呈现何种人力资本特征？

（2）个体人力资本要素和组织人力资本要素是否对知识共享行为构成影响？

（3）如果人力资本要素对知识共享行为具有正向影响，那么人力资本水平高者以及关键贡献者为何要进行知识共享？他们的动机是什么？其知识共享行为的影响机制具备何种形态？

二　核心概念

本书的核心概念包括知识共享、知识共享意向、知识共享行为和人力资本。其中，知识共享的范畴按照知识类别可分为隐性知识共享和显性知识共享，本书聚焦隐性知识共享。按照共享知识的场域可分为线下实体组织的知识共享和线上虚拟社区的知识共享，本书聚焦线上虚拟社区的知识共享。人力资本概念包括个体人力资本和组织人力资本、专有性人力资本和通用性人力资本，本书的定量分析中都会涉及这个概念。问答型虚拟社区中的用户行为包括寻求知识和分享知识两种行为，本书聚焦分享知识，即回答问题和分享经验。

三　研究过程与研究框架

（一）研究过程

本书在文献研究的基础上，构建研究框架，进行迭代研究。研究流程包括以下五个步骤（见图1-2），定量研究所涉及的变量和数据来源见附录一。

1. 对于虚拟社区知识共享行为特征的研究

研究数据是来自161个企业的1051个员工的人力资本变量数据和其在AQA平台上的行为数据。分析技术采用SPSS中的聚类分析和描述性统计。分析结论将回答第一个研究问题：企业教育虚拟社区中，员工的知识共享行为具备哪些特征？是否存在关键贡献者？这些贡献者呈现何种人力资本特征？

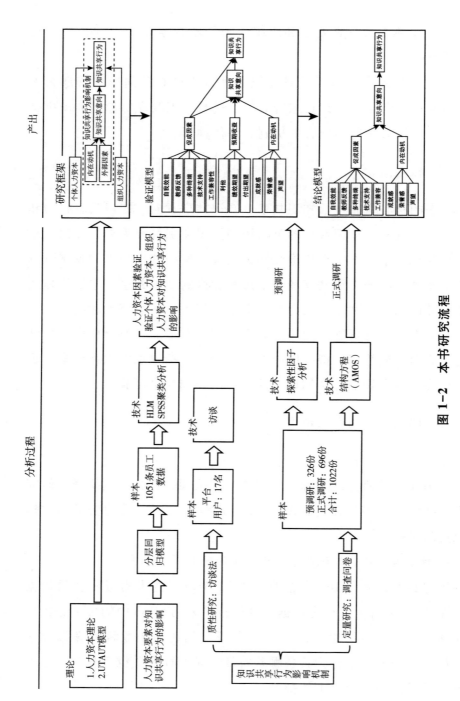

图 1-2　本书研究流程

资料来源：笔者整理。

2. 基于人力资本理论，探讨个体层面和组织层面的人力资本要素对知识共享行为的影响

分析技术方法采用多层线性模型（HLM）。研究产出回答第二个研究问题：个体人力资本要素和组织人力资本要素是否对知识共享行为构成影响？

3. 通过定性访谈修正知识共享影响因素和量表

基于 UTAUT 模型构建知识共享机制的影响因子和研究量表，采用定性访谈的方式对量表进行修正（访谈大纲见附录三）。访谈对象是 17 名 AQA 平台用户。分析技术采用 NVIVO 软件。通过访谈结果增加、删除、合并模型中的影响因子和量表中的条目。访谈的产出是修订后的量表。

4. 知识共享影响机制和量表，形成验证模型

采用修订后的量表进行预调研，针对回收的 326 份有效数据进行描述性统计及探索性因子分析（分析过程见附录四），根据探索性因子分析的结果对影响因子进行降维，并根据降维后的模型修改量表，最终形成知识共享影响机制量表，并对量表进行信度和效度的验证。预调研的产出是对知识共享影响机制模型、量表的再次修订。

5. 知识共享影响机制结论模型

采用预调研分析形成的量表进行正式调研（调研问卷见附录五）。回收有效样本 696 份，分析技术采用 AMOS 进行结构方程分析（分析过程见附录六），最终形成结论。

（二）研究框架

本书研究框架来源于文献研究的结果。以往的研究中，来自教育学、管理学、心理学、经济学以及信息技术等领域的诸多学者对于知识共享行为的影响因素进行了多维度的探讨。但目前尚无将人力资本因素与知识共享的动力因素结合起来构建模型的先例。本书尝试将个体人力资本、组织人力资本和知识共享动力因素结合起来，共同构建

对知识共享行为的内外双层研究框架。

本书研究框架如图 1-3 所示。因变量是知识共享行为，自变量来源于两部分：第一部分，研究框架外围是个体人力资本和组织人力资本，两者共同指向知识共享行为；第二部分，研究框架内部是知识共享行为影响机制，试图揭示知识共享行为的机制"黑箱"。框架构建参考了实证文献研究的结论、元分析的结论、UTAUT 模型的因子和路径，将影响因素概括为内部动机和外部因素，两者共同影响知识共享意向，知识共享意向作为中介变量影响知识共享行为。这一研究框架还根据预调研的结果进行了调整，最终构建出知识共享行为影响机制模型。

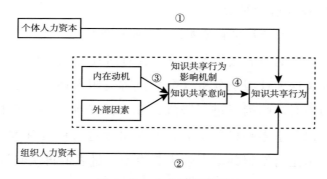

图 1-3　本书研究框架

注：图中的①~④表示下文中的 4 个假设。

1. 外围框架：人力资本对知识共享行为的影响

人力资本理论自 20 世纪 60 年代提出以来，被广泛应用于教育经济研究，成为研究教育投资收益的核心理论。多项研究证明，个体和组织层面的人力资本优势可以提升组织绩效。近年来，随着在线教育的发展和知识管理研究的演进，人力资本理论也开始被应用于知识共享领域的研究，但相关研究还较为匮乏，尤其是缺乏人力资本具体要素对知识共享行为影响的实证分析。本书从人力资本出发，分析个体人力资本和组织人力资本的各个要素对知识共享行为的影响。

人力资本分为个体人力资本和组织人力资本两个层面。通过文献研究发现，个人的能力、经验、受教育背景等个体人力资本因素正向影响知识共享（Sunardi，2017；Vries et al.，2014；潘天遥，2016）。组织人力资本因素正向影响知识共享或企业绩效（Hsu et al.，2007；Kim，2015；Youndt 和 Snell，2004；王莉红等，2010）。基于此，本书提出以下两个假设。

假设 1：个体人力资本水平影响知识共享行为。

假设 2：组织人力资本水平影响知识共享行为。

2. 内部框架：知识共享行为影响机制

虽然前人的研究证实了人力资本优势对知识共享行为具有促进作用，但是并未揭示出这一促进作用的作用机制。教育经济研究更多地关注投资和收益两端，而较少关注投资如何转化为收益。具体而言，如果说技能高超的员工贡献的知识更多，那么到底是什么因素促使其更加积极地贡献知识？是外部因素还是内部因素，是组织因素还是个体因素，抑或是技术因素？组织中的知识转移是一个单位（如个人、团体、部门）受到另一个单位经验影响的过程（Argote et al.，2000），这个过程既困难又复杂，因此个人的自愿合作至关重要，整个组织的自愿合作也是如此（Vargas et al.，2016），研究激发员工合作意愿的动力机制至关重要。本书在研究人力资本要素与知识共享行为的作用关系的基础之上，进一步借鉴教育技术和教育心理学的研究成果，研究知识共享行为的动力机制，从而回答"人力资本优势者为什么要贡献知识"这一问题。

前人的多项研究以社会认知理论、动机理论为基础，从内部动机和外部因素两个维度出发研究知识共享行为的影响因素（Liou et al.，2016；Lin，2007），这一视角为本书提供了基础性框架。关于模型的具体二级因子，本书将以 UTAUT 模型为理论基础，结合质性访谈和问卷调研的结果对此模型予以发展和修正（访谈大纲见附录三，调研问卷见附录五）。此外，实证研究发现行为意向对使用行为具有直接影响（刘洁，2019；马如霞，2019；缪运，2020；彭琦，2020；唐婷，2019；王辰星，2017；张蒙，2016；钟玲玲等，2020）。元分析研究结果显示（见附录二），知识共享意向显著正向促进知识共享行为，两者相关系数达到 0.601 （$p<0.001$）。根据上述研究，提出如下假设。

假设 3：内在动机、外部因素通过知识共享意向影响知识共享行为。

假设 4：知识共享意向直接影响知识共享行为。

第二章 寻找关键贡献者：企业教育
虚拟社区知识共享机制

虚拟社区的知识共享随着知识经济和互联网技术的发展受到越来越多的关注，关于知识共享行为影响因素和影响机制的研究处于逐渐丰富阶段。通过对前人研究的整理和分析，本书希望达成三个主要目标：一是系统地收集、总结、分析和综合当前相关研究；二是总结该领域现有研究的整体理论和实证结果；三是确定需要进一步探索的知识差距，并探讨该领域的未来研究空间。为实现这些目标，提出了以下几个问题。

问题 1：虚拟社区知识共享的范畴是什么？

问题 2：企业教育虚拟社区中是否存在关键贡献者？他们具备何种人力资本特征？

问题 3：虚拟社区知识共享的研究都发现了哪些影响因素和作用机制？

第一节 万花筒下洞悉知识共享的实质

自 20 世纪 90 年代中期开始，学者们从社会学、组织行为学、经济学、心理学、信息技术等多学科对知识共享展开了深入研讨。其中，最为典型的是野中郁次郎（Nonaka Ikujiro）和竹内弘高（Takeuchi

Hirotaka）在 1995 年提出的螺旋形知识转换生成模型（SECI 模型）以及 Holsapple 与 Singh 于 2001 年提出的知识链模型（knowledge chain）。多项研究均以这两个模型为基础进行演绎，这两个模型就如同万花筒的基底一般，经过不同学者的演绎，幻化出知识共享理论发展的万千气象。

一 知识共享的概念

知识共享是各个主体借助知识共享平台及相关技术进行知识交流、整合及创新的过程，是知识管理活动的重要环节。总结前人对知识共享的定义，主要包括以下几个角度。

（1）从知识转移角度，知识共享是指知识所有者与他人共享自己的知识，是知识从个体拥有向群体拥有的转移过程。

（2）从知识的类别角度，知识共享是显性知识和隐性知识互相转化的过程。Polanyi（1966）提出知识可分为隐性知识和显性知识。隐性知识是指人们知道的要比说的更多，其所表达的东西总是存在隐含的、未编码的知识。隐性知识主要通过人们之间的直接交流进行传输；显性知识是可通过语言、文字、图形和符号等形式编码化的知识，并可进行有效传递。

（3）从知识的转化和创新角度，野中郁次郎和竹内弘高（1995）指出知识转化是显性知识和隐性知识在不同的场域里内隐化、外在化、组合化、社会化的过程。

（4）从组织学习角度，有学者提出知识共享是指组织与组织之间，或者组织内的个人之间、团队之间，通过各种渠道进行讨论和知识交流，不断扩展和延伸知识自身价值的过程，即把个人知识转化为组织知识的过程（林东清，2005）。

（5）从知识共享的场域角度，提出虚拟社区知识共享。野中郁次郎和竹内弘高（1995）指出知识的创造必须要在某个具体的"场"

进行相互作用并最终融为一体。这个场是促进成员间分享彼此经历和心智模式的地方。具体而言，这个场可以是物理场所，如办公室、会议室等；也可以是虚拟场所，如互联网、电子邮件等；甚至是精神场所，如共享的经历、理念、思想等。本书根据知识共享的场域不同，将知识共享区分为"线上"虚拟社区中的知识共享和"线下"实体社区中的知识共享。Rheingold 在其 *The Virtual Community*（《虚拟社区》，1993）中对虚拟社区（Virtual Community，VC）首次进行了系统的论述，指出虚拟社区是使用计算机进行交流的一群人，虚拟社区的知识共享是指在虚拟社区中对给定主题的知识共享。

二 知识转换生成模型

野中郁次郎和竹内弘高在其 *The Knowledge Creating Company*（《创造知识的企业》，1995）中结合显性知识和隐性知识的概念，系统全面地提出了著名的螺旋形知识转换生成模型（SECI 模型）。SECI 模型名称来源于知识动态转换过程的四个英文单词首字母，这四个词分别是：社会化（Socialization）、外在化（Externalization）、组合化（Combination）和内隐化（Internalization）。SECI 模型是目前被广泛引用的描述知识生成、知识共享和知识转移过程的理论。该理论体系有几个最基本的前提：知识包括显性知识和隐性知识；在人类的创造性活动中，显性知识和隐性知识共同作用，两者在创造性活动中相互转化；知识转化和创造包括个人自身的显性知识和隐性知识之间、拥有不同知识的个人之间、所有这些个人组成的团体组织之间，以及多层面的知识之间的相互作用和再创造。

野中郁次郎和竹内弘高认为，显性知识和隐性知识是相辅相成的，对于新知识的生成不可或缺。隐性知识和显性知识在知识的创作过程中相互作用，因此也称为"知识转化"。拥有不同类型和不同内容知识的个体在个体与组织之间的相互作用中创造出新的知识，在隐性知识和显性知识连续的相互作用中推陈出新，这就是知识转换生成过程，也就是知识转换四种模式的交替过程（见图2-1）。

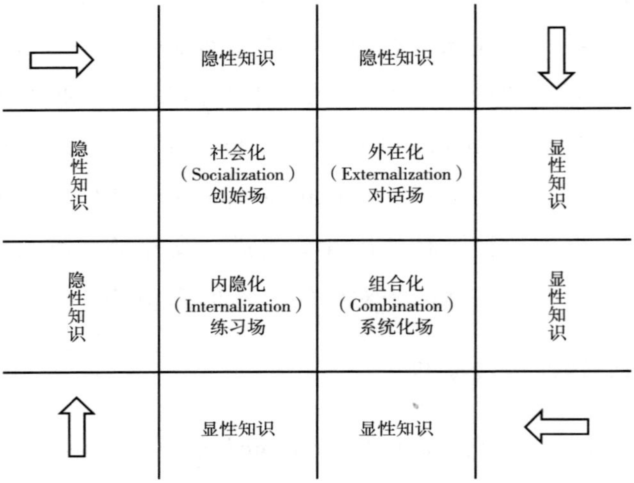

	隐性知识	隐性知识	
隐性知识	社会化 （Socialization） 创始场	外在化 （Externalization） 对话场	显性知识
隐性知识	内隐化 （Internalization） 练习场	组合化 （Combination） 系统化场	显性知识
	显性知识	显性知识	

图2-1　知识转换生成过程

1. 社会化——隐性知识转化为隐性知识的过程

社会化是一个通过共享经历来获取隐性知识的过程，观察者通过看、模仿、练习来获取知识，而不是通过言语来获取知识，经验的分享是了解他人情感和思想的关键。

2. 外在化——隐性知识转化为显性知识的过程

外在化是将自身的隐性知识通过语言形象表达出来的过程，在知识转化的过程中具有重要作用，表达的方式包括比喻、概括、类比和模型等。

3. 组合化——显性知识和显性知识结合的过程

这个过程是指通过信息技术等各种媒体，产生数学符号和语言等，并且将这些易于观察的元素进行系统化和重组。对不完整的知识进行再编辑，使之更加结构化、网络化，是知识转化的重要步骤，新的知识大于原有的知识，而且能够通过一定的媒介进行推广和扩散。

4. 内隐化——显性知识转化为隐性知识的过程

显性知识进一步具体化和明确化，通过编辑重组产生新的更有用的知识进而被员工理解掌握，并将显性知识升华为员工自己的隐性知识。内化通常是通过练习、操作和实际训练来完成的，实习、实训都有助于所学知识的内隐化。

SECI 模型是理解知识生成过程的最著名的概念框架（Farnese et al.，2019），多项研究基于 SECI 模型展开。

Li 和 Feng（2011）分析了产业集群创新中 SECI 模型的基本环节，研究了产业集群知识共享模式，即通过动态演化、纵向和横向关联实现集群内知识的非线性、螺旋式发展。

Drexel（2015）以 SECI 模型为理论框架，研究了日本、韩国和奥地利的新企业在知识创造方面的异同。该研究对 154 家公司采集调查问卷，并与新企业的员工或创始人进行了 12 次专家访谈。结果表明，被调查公司在知识创造方面存在很多相似之处。SECI 模型的社会化、外在化、组合化及内隐化四个要素对三个国家都适用，日本需要特别促进内隐化，奥地利需要特别促进外在化。与奥地利公司相比，大多数日本和韩国的新企业表示，其管理层经常故意造成危机或压力状况，来促进公司内部的信息和知识交流。

Li 和 Zhang（2015）基于 SECI 模型，对 33 家中国承包商的 245 名归国人员进行实证研究，分析促进其分享国际建筑项目知识的机制。结果表明，知识治理机制通过 SECI 模型的知识共享过程影响回国人员的知识共享。

Zhang 等（2016）基于 SECI 模型，建立了再制造工程管理中的知识管理模式和方法，强调了知识转移、知识共享和再制造工程管理之间的关系。再制造工程管理中大量的知识转移和共享活动可以不断提高工程管理的绩效。

Nadae 和 Carvalho（2017）基于 SECI 模型，分析项目管理办公室（Project Management Office，PMO）将项目隐性知识转化为可用的显性知识的过程。采用案例研究，通过现场观察、PMO 经理和项目经理访谈以及文件分析来收集信息。结果显示 SECI 模型中的知识社会化、外在化、组合化和内隐化将项目隐性知识转化为显性知识，并显示知识必须要纳入运营实践、数据库规则和公司历史。组织文化作为主要因素，影响了所研究的两家公司员工之间的知识共享过程。项目经理在项目开发过程中需强调知识管理、知识共享和知识存储的重要性。PMO 在知识的共享和储存的过程中具有重要作用。

全力和顾新（2017）对利益、结构、知识三因素与知识链组织之间的冲突线性结构关系进行了实证研究。研究发现，利益因素和知识因素与冲突呈正相关性，结构因素通过对知识因素的影响间接对知识链组织之间冲突产生影响。

Balde 等（2018）以 SECI 模型为理论框架研究员工的知识创造过程。研究对来自 51 家公司、431 名员工的调查问卷数据进行了分层线性模型分析。结果证实，团队层面的信任、团队层面的内在动机分别正向影响员工个体层面的 SECI 行为，个体层面的 SECI 行为正向影响个体的创造力。员工的 SECI 行为在团队信任和团队内在动机对创造力的影响中发挥中介作用。

本书所研究的知识共享行为是隐性知识和显性知识不断转化和相互作用的过程。虚拟社区的成员在平台上进行知识共享，这一行为是把知识共享者所拥有的隐性知识在网络场域里进行外显的过程；这些显性知识在虚拟社区里进行组合，从而不断地建立起新知识。例如，在线问答平台上，对于同一个问题，有不同的用户分享自己的经验，这些经验经过甄选、分析、系统化重构，组合起来构成对一个问题的完整回答，形成新的显性知识；虚拟社区用户在学习这些显性知识后，将其构建并纳入原有的个人知识体系，通过行动、实践把这些知识内隐化，形成新的隐性知识，进而再进入虚拟社区进行知识共享，从而形成了一个知识共享和知识创造的螺旋。在这个螺旋的过程中，知识共享行为包括隐性知识的外在化、显性知识的组合化、显性知识的内隐化、隐性知识进一步社会化的全过程。对于组织来说，虚拟社区的知识共享可以打破知识私有化、留存组织知识，对建构组织知识库、发展学习型组织具有重要意义。

三　知识链模型

知识共享属于知识管理的范畴，在知识管理体系中，知识的创造、编码、共享、创新、应用构成一个闭合的链路，知识共享是这个链路上最关键的一环。知识管理的目标就是进行有效的知识共享，如果组织的知识不能通过一定的途径和方式进行共享，那么知识的价值将不能得到体现。因此，知识共享研究成为知识管理学科的热门方向之一（刘臻晖，2016）。

将知识共享放入知识链中考察，可以为理解知识共享提供一个宏观视角。知识链模型的发展是一个演进的过程。知识链的观点最早出现在企业资源规划中。Appleyard 和 Kalsow（1999）在研究知识的分散问题时，提出了知识链管理模型，将知识的管理过程分为知识创造、知识分散和知识应用三个要素。在这个知识链中，知识共享对应知识的分散流程。Holsapple 和 Singh（2001）提出了一个系统的知识链概念（见图 2-2），国内对知识链模型的研究均是源于该知识链的基本思想（李后卿等，2008）。该知识链从组织知识和组织核心竞争力的关系出发，将知识链概括为主要活动和辅助活动两个层面。知识管理的五个主要活动环节包括知识获得、知识选择、知识生成、知识内化、知识外化；四个辅助活动包括领导、合作、控制、测量。五个主要活动环节构成知识产出，四个辅助活动为知识的学习提供支持，知识产出和学习支持机制共同构成企业的竞争力。

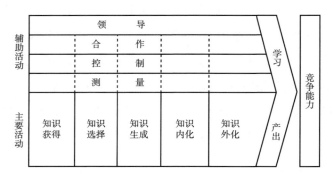

图 2-2　Holsapple 和 Singh（2001）的知识链

徐锐和黄丽霞（2010）以 Holsapple 和 Singh（2001）的知识链为基础，提出了虚拟团队的知识链共享模型，该模型由三个圈层组成，最内层为知识获取层，中间层为知识存储层，最外层为知识共享层。最内层收集各种来源的知识，将收集到的知识存储于第二层，当成员需要获取知识时，在第三层向第二层发出寻求知识的信号，完成知识获取。知识共享的过程就是知识在三个圈层中进行知识获取、知识存储和知识提供的过程。徐锐、黄丽霞基于知识链构建的虚拟团队知识共享模型将知识共享描述为三个圈层间的交互过程，在一定程度上突破了知识链理论的单方向流动性。

此外，多位学者虽未提出知识链的概念，但也对知识管理或知识共享的过程进行了要素描述。Szulanski（2000）将知识共享的过程分为知识需求、获取、吸收及转移四个阶段。单雪韩（2003）将知识共享过程归纳为两个步骤，即知识传授方的知识外化行为和知识获取方的知识内化行为。谭大鹏和霍国庆（2006）将知识转移过程分为准备、传递和整合三个阶段。王兆祥（2006）提出知识转移层次模型，认为知识转移要经过物理层、数据层、语言层、知识层、能力层、应用层六个层次，并依次分析了每个层次的影响因素。

知识链模型为知识管理提供了可操作性的理论依据，解决了知识管理理论过于抽象的问题（李后卿等，2008），但是它将知识管理过程描述为单方向的线性过程，而真实环境中的知识流动往往是通过共享生成新知识的交互过程，尤其在虚拟社区中，社区成员可以来自不同的组织，身处不同组织的知识链中，其自身和所在组织都构成虚拟组织中的知识节点，知识在个体节点和组织节点之间流通，使得若干个知识链纵横交错，构成知识网络（徐锐和黄丽霞，2010）。在虚拟社区的情境下，知识链理论已经不足以解释知识共享行为。

第二节　互联网知识贡献金字塔模型：
是否存在关键贡献者

企业内训平台中，是否存在积极主动贡献大部分知识的关键用户？参照万能的"二八原则"，20%的关键用户贡献80%的知识，所谓关键用户应该是存在的，这样的假想是否被研究所证明？前人的研究在解释互联网社区内的参与模式时，相关文献较少，较为专注的研究是 Nielsen（2006）提出的 90∶9∶1 原则。Nielsen 通过实证研究，发现了网络参与的不均衡性特征，并总结出贡献度金字塔（见图2-3）。他发现互联网社区的用户参与符合 90∶9∶1 原则，即互联网社区中 90%的内容由 1%的参与者（超级用户）生成，10%的内容由另外 9%的参与者（贡献者）生成，剩下 90%的人在"潜水"。如何激励超级用户和贡献者，减少潜水者是知识共享社区的重要课题。

Carron-Arthur 等（2014）采用 90∶9∶1 原则对抗抑郁症的互助网络站点 BlueBoard 的参与情况进行了研究。研究发现参与者在 1、9和 90 三个分位中的发帖量所占比例分别为 85.8%、11.2%和 3.0%，基本符合 90∶9∶1 原则。

Mierlo（2014）对于多个数字化健康社交网站进行了研究，发现潜水者生产的内容加权平均只占到总内容的 1.3%。由于社会网络的可持续性需要新鲜的内容和及时的互动，这些结果对于组织管理互联网社区非常重要。超级用户产生了绝大多数的流量，创造了价值，因此招募和留住他们对于网站的长期运营至关重要。虽然潜水者可以从观察超级用户和贡献者之间的交互中获益，但他们产生的网络价值有限或根本没有价值。

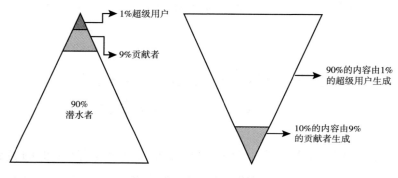

图 2-3　贡献度金字塔

第三节　用户的身份背景是否影响知识贡献

企业内训平台上，用户个体的教育背景、工龄、专业技能水平、岗位是否会对他们分享知识造成影响？用户所在的各个组织中，其组织内部所有参与内训人员的平均受教育情况、平均专业技能水平、平均工龄、平均岗位情况是否会影响到该组织的整体知识共享？组织的上述情况是否会对员工的个体知识贡献行为带来影响？分析这些问题，对于企业的培训管理者至关重要。如果能够证明上述因素影响员工的知识贡献，在线培训平台的组织者就可以有针对性地筛选和激励某一类员工，从而提高知识贡献的效能。要回答上述问题，需要引入一个经典理论——人力资本理论。

人力资本还可区分为个体人力资本和组织人力资本。个体人力资本即舒尔茨提出的人力资本概念。组织人力资本（Organizational Human Capital）是对人力资本理论的拓展，是指包括在一个组织中工作的人员的所有技能和能力（王莉红等，2010）。组织人力资本是个体人力资本之间的合作产生的，它随着组织的存在而存在，随着组织的消亡而消亡，它使得企业的规模与收益不断增加（叶正茂和叶正欣，2014）。

一　个体人力资本

20世纪60年代，西方经济学家发现，实物资本的增长只能解释大多数国家收入增长的一小部分，为了寻找合理解释，人们开始关注非实物资本，如技术革新和人力资本等。美国经济学家舒尔茨将经济分析用于教育，系统阐述了人力资本理论（Schultz，1961）。该理论被认为是西方教育经济学的理论核心（厉以宁，1988）。

人力资本指蕴含于人身上的各种生产知识、劳动与管理技能以及健康等因素的总和。《政治经济学大辞典》（张卓元，1998）将人力资本定义为体现在人身上的技能和生产知识的存量，是非物质资本。作为资本，人力资本与物质资本一样也有着数量和质量上的规定。一个社会中劳动力人数的多少反映出人力资本的规模，每个劳动力的身体状况、文化和科学技术水平、劳动熟练程度反映出人力资本的质量。与物质资本相比，人力资本不可转让、不可继承，具有高效性、迟效性、多效性、多变性、易流动性等。

同物质资本的形成一样，人力资本也是通过投资形成的。教育和培训是人力资本最重要的投资（贝克尔，2007）。我国的教育学家和经济学家据此将人力资本定义为人们在教育和培训过程中形成的能够创造个人和社会经济福祉的知识、能力和综合素质（闵维方，2017）。厉以宁（1995）提出，教育是生产投资的一种，这种投资将提高劳动者的素质和文化技术水平，并促进生产力的增长。

根据人力资本在形成方式和应用场景方面的差异，可区分为通用性人力资本和专有性人力资本。组织的知识分为两种：专有性知识和通用性知识（杨钋，2020）。专有性知识指的是仅对本企业有效用的知识。同样，培训也分为两种：一般性培训和特殊性培训。特殊性培训只对按产品、工作种类或是地域划分的特定类型的企业有效，而不是对所有企业有效（贝克尔，2007）。通过特殊性培训可以形成专有性人力资本（也称独特性人资本）。专有性人力资本意味着凝结在员工身上的知识是深度内嵌于局部的知识，它专属特定的知识域，是不可替代或独特的（林筠和乔建麒，2016）。

按照作用效应区分，可以将人力资本的作用分为内部效应（internal effect）和外部效应（external effect）两个方面。前者指个体人力资本能够提高个体自身的收益；后者指平均人力资本的增加能提高所有生产要素的生产率，这部分收益是在人力资本投资时未考虑的，故称为外部效应（岳昌君和吴淑姣，2005）。

从人力资本构成要素来看，学者进行了多个维度的定义，例如从人的知识技能出发，包括知识、技能、能力（Jurczak，2008；Pasban et al.，2016；Weatherly，2003；Youndt 和 Snell，2004；闵维方，2017；潘天遥，2016）、技术（Pasban et al.，2016）、经验（Pasban et al.，2016；Sunardi，2017；Vries et al.，2014）。

还有学者将人力资本与学习和创新联系起来，将人力资本描述为组织内价值创造不可或缺的来源。创新是个人通过参与组织生产过程进行沟通和学习的结果。因此，人力资本是公司创新、战略更新和价值的源泉（Vargas et al.，2016）。同样，创造力、创新能力（Pasban et al.，2016；Weatherly，2003）、态度和智力敏捷性（Jurczak，2008）也构成人力资本的组成要素。

此外，也有学者将培训、教育作为人力资本的构成要素

（Sunardi，2017）。Mincer（1989）在对人力资本理论的综述中指出，人力资本理论是分析技能或劳动的质量的方法，其中心思想是人的能力在很大程度上可通过教育、培训、经验和劳动力市场的流动来获得并发展。人力资本的培养过程成本高昂，而收益主要是在未来产生的，因此对能力的获取可视为一种投资。

学者们对个体人力资本要素与知识共享或组织绩效之间的关系进行了多项实证研究，证明人力资本要素（如工作经验、知识、教育背景、能力技能等）正向促进知识共享以及组织绩效。

工作经验是人力资本的重要组成部分，它可以影响企业的知识共享。Vries等（2014）对一家大型跨国公司的70名客户经理进行调查发现，客户经理的经验能够促进创新型知识的分享，但是对改进型知识共享无影响。这是由于经验丰富的客户经理能够明确表达对知识转移的预期，从而正面影响知识转移的效率和有效性，也正是由于其经验丰富，所以对突破创新型的知识才感兴趣，而对于改进型的信息并不感到兴奋。

Sunardi（2017）对印度尼西亚一家中型食品制造企业的4名知情人进行访谈，检验人力资本对非正式知识共享的作用。研究表明，人力资本特征（不同的受教育背景、员工技能和员工经验）可以影响非正式知识共享的实践。受教育背景的差异可以表现为教育期间的文化背景、受教育水平和地理区域的差异。受教育背景越多样化，个人获得的技能就越丰富。不同的教育背景（受教育水平、教育类型）影响个人的学习能力和资源情况，对知识的可靠性有重要影响。教育背景的多样化会影响非正式知识共享，文化阐释视角调节了不同教育背景对非正式知识共享的正面直接影响，当组织由来自不同教育背景的员工组成时，文化故事、例子和隐喻的使用可以改善非正式知识共享过程中的知识表达。技能被定义为掌握某一学科或领域的概念，并在新情况下适当应用这些知识的能力。当组织中的个人相互关注建立彼此的新技能时，个人之间对员工技能的探索会对非正式知识共享过程产生积极影响。员工的经验对增进相互信任具有积极的直接影响，相互信任对非正式知识共享有正向的直接影响。员工积累的经验成为其知识的主要来源，当组织中的个人之间存在相互信任时，员工愿意分享自己的工作经验，从而提高共享的知识质量。Sunardi（2017）进行定性研究得出上述结论，并将这些结论总结为一组假设，以供未来的定量研究使用。该文献为本书带来了启示，本书将讨论个体人力资本对知识共享的影响，个体人力资本的要素选择中包括员工的经验、受教育背景和技能。

潘天遥（2016）以知识共享为切入点，以江苏高科技企业知识员工为研究对象，采用调查问卷方式，针对 377 份样本进行回归分析，构建出了"人力资本—知识共享—创新行为"的理论框架模型。人力资本的测量基于 Lepak 和 Snell（2002）的量表开发，将人力资本界定为个体拥有的知识和技能，量表分为两个维度，即人力资本的价值性和独特性。人力资本的价值性表现为知识和技能对于创新、用户价值创造、降低成本、流程改进等企业创新和企业绩效的影响，例如"我所拥有的知识和技能有助于创新"。人力资本的独特性指的是个人的知识和技能与竞争对手的差异性、不可替代性等。研究结论证明人力资本正向影响知识共享；个体人力资本的价值性和独特性越强，越倾向于知识的贡献和收集。个体人力资本素质越高，自我感知的技能和知识越强，会主动或被动与他人分享知识以体现其素质，也更倾向于学习他人分享的技能以保持其人力资本的领先性。

二 组织人力资本

组织人力资本和个体人力资本相互联系又有区别。赵秀清（2011）认为组织人力资本是组织可以整合的、能为组织创造财富的员工个体人力资本的有机整体。叶正茂和叶正欣（2014）提出组织人力资本是人力资本概念的扩展，人力资本之间的合作会产生一种新的资本，它使得企业的规模与收益不断增加，称为组织人力资本，是附着在企业组织之上的一种特殊形式的人力资本。组织人力资本聚合了公司员工的知识、技能和能力（Blanco-Mazagatos et al.，2018）。

一直以来，组织层面的人力资本被定义为组织劳动力的知识、技能和其他能力的总和（Cabello-Medina et al.，2011；Crook et al.；2011；Blanco-Mazagatos et al.，2018；Yang et al.，2009；Youndt et al.，2004；王莉红等，2010），还包括创造力和创新力（Subramaniam et al.，2005；王莉红等，2010），胜任力、敬业度（Hsu et al.，2007），受教育背景、工作经验（Chowdhury et al.，2014）等，在高层管理团队层面衡量为高管经验（Combs et al.，1999）。在组织人力资本测量方面，先前的研究将其定义为组织员工个体人力资本的平均值（Bingley et al.，2004；de Grip et al.，2005；Hitt et al.，2001）。

对于组织人力资本与组织绩效之间的关系，学者有不同的观点。多项实证研究表明，组织人力资本可以促进企业绩效的提升。赵秀清（2011）探讨了组织人力资本投资的风险，提出组织人力资本投资的"双刃剑"作用，即组织通过投资培训，增加了人力资本的存量，但这并不必然提升组织绩效。如果员工的个体人力资本能够沉淀为组织人力资本，组织人力资本增加将提升组织绩效。同时，员工因人力资本提升而具备更大的议价能力，如果组织的激励不能满足其需求，可能导致其降低绩效或者离开组织，因此必须要实现把员工个人人力资本转化为组织人力资本（见图2-4）。

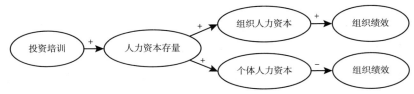

图 2-4 组织人力资本投资的"双刃剑"作用

注：+指前者增加导致后者增加；-指前者增加导致后者减少。

关于组织人力资本和知识共享之间的研究，文献非常有限，已有文献集中于知识共享对组织人力资本累积方面的研究，或是组织人力资本对组织绩效的影响。

王莉红等（2010）以 212 家企业为研究对象实施问卷调查，研究组织人力资本与绩效的关系。实证研究表明组织人力资本、社会资本对知识共享及知识相关绩效都具有显著的正向影响。

李瑞（2017）对供应链企业的知识共享与组织人力资本累积的关系进行了实证分析。研究采用调查问卷的方式，基于来自江苏、浙江、上海、广东、山东、天津等地的汽车制造、家电制造、金属和机械工程等行业的 156 份有效问卷构建模型，进行结构方程分析，其中组织人力资本从知识存量、独特性、价值、适应能力和专业技能五个要素来考察。结果表明供应链企业的组织学习能力、知识吸收能力、显性知识共享、隐性知识共享、知识相关性、知识共享激励制度、创新性企业文化对人力资本的积累具有显著的正向影响。

申静和耿瑞利（2020）依据智力资本理论，以智库为研究对象，构建了组织层面的知识共享、智力资本与创新能力的关系模型。研究采用调查问卷的形式，共收集到 249 份有效样本。智库智力资本划分为人力资本、结构资本与关系资本，智库创新能力包括创新速度与创新质量。采用偏最小二乘法进行数据分析，结果显示，知识共享可以全面提高智库的人力资本、结构资本、关系资本，从而提高其整体智力资本且作用显著。智库中的知识共享程度越高，智力资本水平也会得到提升。

Chowdhury 等（2014）对来自 100 家 IT 和金融服务类小型企业的 1572 名核心专业人员的人力资源数据进行分析，实证检验组织人力资本要素与员工生产率之间的关系。自变量是人力资本变量，包括受教育背景、企业特定工作经验、任务特定工作经验，采用取平均值的方式提炼组织层面的变量。因变量为公司绩效，采用员工平均收入的对数作为衡量指标。层次回归分析的研究结论表明以核心员工为基础的组织人力资本是小企业绩效的重要预测因素，教育背景、工作经验对企业绩效有促进作用。

Youndt 和 Snell（2004）跨越 100 多个行业对美国 208 家员工规模超过 100 名的公司进行了问卷调研，构建智力资本作为人力资源配置和组织绩效之间的中介结构，从而将人力资源和战略管理的研究结合起来。人力资源配置包括六种模式，分别是购买性人力资源配置（包括选择性员工配置、外部薪酬公平和员工所有权）、发展性人力资源配置（包括综合培训实践、内部晋升、发展性绩效评估流程和基于技能的薪酬）、平等主义的人力资源配置（侧重于消除身份符号、降低层级、最小化工作分类、降低工资水平和赋予员工权利）、协作式人力资源配置（侧重于渗透性和网络亲密性的工作结构、团队发展和团队激励）、文档性人力资源配置（侧重于知识文件、员工工作重新设计和员工建议系统）、信息技术人力资源配置（侧重于可访问、用户友好和集成的信息系统）。在战略性人力资源文献中，学者们已有大量共识，即人力资源实践的组合或配置比单独个体实践更有可能导致组织层面的结果，如生产力水平、盈利能力和市场价值。智力资本包括三个元素，分别是人力资本、组织资本和社会资本。评估人力资本的题项反映了组织员工的总体技能、专业知识和知识水平；组织资本通过四项量表评估知识库（如数据库、手册和专利）中运用和存储知识的能力以及不太有形的惯例、流程、文化和经营方式；社会资本相关题项反映了组织在员工、客户、供应商、联盟伙伴等网络之间共享和利用知识的总体能力。组织绩效通过每个组织 2000 年和 2001 年的平均资产收益率（ROA）和净资产收益率（ROE）来计算。多元回归分析表明，购买性人力资源配置和发展性人力资源配置都与组织的人力资本水平显著相关，这验证了人力资本理论家的观点，他们认为组织可以选择购买或制造人力资本。仅从人力资本水平（而非特定技能和知识）来看，购买和培训似乎可以相互替代。因此，如果公司不具备同时从事综合培训和选拔活动的资源，那么最好将资源主要集中在其中一个方面。人力资本和社会资本是绩效的主要驱动因素，人才是开发和提供优质产品和服务的关键因素。总而言之，人力资本配置有助于增加员工的知识和技能，促进团队互动和知识共享，并使组织能够将知识存储在系统、流程和文化中，从而促进组织绩效提升。

Hsu 等（2007）对来自 77 家信息技术公司的 62 名人力资源经理和 206 名工程师进行了问卷调研。研究结果表明，组织人力资本（员工胜任力和敬业度）在高绩效工作系统与企业绩效之间起中介作用，组织人力资本对于企业的财务绩效提升有促进作用。

Kim（2015）针对韩国 469 家公司进行实证研究，考察了组织对员工发展的投资与职业发展干预、组织人力资本和组织长期绩效之间的结构关系。自变量是两种类型的学习干预，即员工发展（Employee Development，ED）干预和职业发展（Career Development，CD）干预。ED 干预是指确定相关活动，包括教育资助计划、学习社区计划和学习里程计划；CD 干预包括继任规划、职业发展规划、指导和辅导以及工作轮换计划等。中介变量为组织人力资本，包括四项，分别是员工的工作能力、生产力、动机和保持力。组织的长期绩效包括过程能力（含三项：新产品/服务开发、工作过程效率和通过降低成本获得的产品/服务竞争优势）和客户能力（含五项：对客户需求的快速响应、产品/服务多样性、新客户获得、忠诚客户保留和品牌形象）。采用多元回归分析检验中介模型，统计分析的结果验证了组织人力资本的关键中介作用，即学习干预通过组织人力资本影响组织长期绩效。

赵爽和肖洪钧（2016）以软件企业为研究对象，对 205 名技术研发人员、部门主管和企业总经理进行问卷调研，并引入组织间学习作为中介变量，探讨网络环境下人力资本与企业绩效的关系。企业人力资本分为三个维度：企业家、管理人才和研发人才。对企业家维度的测量包含战略决策能力、创新精神、合作意识及社会关系。对管理人才维度的测量包含纵向层级间的组织沟通能力、水平部门间的协调能力、领导部门完成组织目标的能力和激励指挥下属的能力。对研发人才维度的测量包含较强的专业技能、自主学习能力、团队合作意识和捕捉用户需求变化的能力。对企业绩效的测量包括生产效率（与竞争对手相比）、产品创新率、利润率、市场占有率、产品返修率和顾客满意度。将组织间学习划分为三个维度：知识获取、知识整合和知识创新提升。实证研究发现，人力资本的投入与开发正向影响企业绩效，企业家知识创新提升间接地影响企业绩效，组织间学习正向影响企业绩效，管理人才通过知识整合间接影响企业绩效，研发人才通过知识获取和知识整合间接影响企业绩效。该研究对本书具有启示作用，本书在人力资本定义中纳入了员工职位，以考察不同类型的人力资本对知识共享的影响作用。

本书将从多个层面考察人力资本要素对知识共享行为的影响，包括个体层面和组织层面、通用层面和专有层面。将以个体人力资本和组织人力资本为自变量构建多层回归模型，分析个体人力资本和组织人力资本分别对知识共享行为的影响以及组织人力资本的跨层级影响。在构建个体人力资本要素和组织人力资本要素时，以正规学校受教育年限代表通用性人力资本，以员工的技术认证情况代表专有性人力资本，考察这些要素对于知识共享的影响。

第四节 透视用户贡献知识的动力机制： 整合模型及相关理论

作为企业培训的管理者，往往会有这样的困惑：如何调动员工的积极性，鼓励他们分享知识，促进员工互助学习？这个问题的背后是虚拟社区知识共享影响机制的问题。影响知识共享的因素几乎涉及个人和组织的各个方面，良好的知识共享是多因素共同作用的结果。基于不同的行业环境、组织阶段、知识类型，影响知识共享的因素及其权重会有所不同，研究者通过大量的实证研究揭示并证实了这些影响的存在（方建，2013）。

一　整合分析的视角

在以往研究中往往使用多种理论来构建知识共享行为的影响机制模型，以综合考虑人的内部动机和外部因素，理性行为因素和感性行为因素，组织情境、技术情境和人的因素。例如联合使用计划行为理论和社会交换理论，以综合理性人和社会人的分析维度，综合使用技术采纳理论和计划行为理论，以综合研究情境和人的维度等。Venkatesh 等 （2003） 提出了技术采纳与使用整合模型 （Unified Theory of Acceptance and Use of Technology，UTAUT），模型介绍见附录八。该模型基于技术采纳模型 （Technology Acceptance Model，TAM），整合了社会认知理论 （Social Cognitive Theory，SCT）、理性行为理论 （Theory of Reasoned Action，TRA）、计划行为理论 （Planned Behavior Theory，PBT）、动机模型 （Motivation Model，MM）、计算机利用模型 （Model of PC Utilization，MPU）、创新扩散理论 （Innovation Diffusion Theory，IDT） 以及技术采纳和计划行为复合模型 （A Model Combining the Technology Acceptance Model and the Theory of Planned Behavior，TAM & TPB） 共 8 项重要理论模型中的各种潜变量 （见图 2-5）。

其中，理性行为理论的核心因子包含态度、行为和主观规范；技术采纳模型的因子包括有用性、易用性和主观规范；动机模型的因子包括外在动机和内在动机；计划行为理论分解为行为态度、主观规范和知觉行为控制；计算机利用模型的因子有工作适应性、复杂性、影

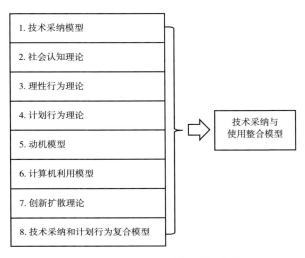

图 2-5　UTAUT 模型的形成

响使用、社会因素和促成因素；技术采纳和计划行为复合模型将技术采纳模型与计划行为理论的预测因子有用性结合起来，提供了一个混合模型。通过归纳总结，UTAUT 模型提取出显著影响用户对于新技术使用意向和使用行为的四个核心影响因素，即绩效期望（Performance Expectancy，PE）、付出期望（Effort Expectancy，EE）、社会影响（Social Influence，SI）、促成因素（Facilitating Conditions，FC），其中前三个变量对行为意向（Behavior Intention，BI）产生直接影响，最后一个变量对使用行为（Use Behavior，UB）产生直接影响（见图 2-6）。另外，UTAUT 还引入了性别、年龄、经验和自愿使用作为调节变量。UTAUT 为引进新技术的效果评估提供了一个有用的工具，并帮助管理者了解采纳新技术的驱动因素，以便主动设计针对不太倾向于使用新系统的用户群体的干预措施，包括培训、营销等（Venkatesh et al.，2003）。经过实证检验，UTAUT 对个人用户使用行为的解释力高达 70%，比以往的模型都更为有效。

UTAUT 模型提出后，在知识共享研究方面得到了应用。

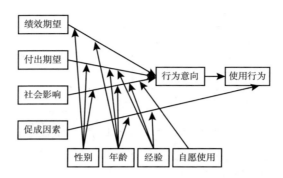

图 2-6　UTAUT 模型的核心影响因素

郭宇（2016）基于 UTAUT 模型和信息生态理论研究新媒体环境下的企业知识共享。通过对 7 家企业的 425 份有效问卷数据进行结构方程模型分析证实，知识、新媒体环境对知识共享意图具有积极影响，新媒体技术、知识共享意图对知识共享行为具有积极影响，知识共享意图在对知识共享行为的影响关系中具有中介作用。

郭捷和王嘉伟（2017）基于 UTAUT 模型，提出了物流的大众参与行为影响因素模型，各因素按总影响力从大到小依次排序为：便利条件、参与意向、获益期望、社会影响、感知风险。

吴士健等（2019）基于 UTAUT 模型从用户感知视角探究学术虚拟社区知识共享的关键影响因素，研究结果表明绩效期望、社会影响、努力期望通过知识共享意愿正向影响共享行为，便利条件正向影响知识共享行为，感知知识优势调节各变量与知识共享意向、共享行为之间的关系。提升知识分享的绩效预期和努力期望，增强社区成员的归属感、自我身份认同和自我效能感以及保持成员间适度的知识势差有助于增加虚拟社区知识共享行为。

UTAUT 理论的提出为虚拟社区环境下的知识共享行为影响因素研究提供了整合解决方案。此前学者研究知识共享行为常用的理论，例如计划行为理论、动机模型、社会认知理论等都被整合进 UTAUT

理论中。同时，UTAUT 理论是源于技术采纳所开发的模型，因而更适合互联网新技术环境的知识共享影响因素研究。

　　关于虚拟社区知识共享影响因素和影响机制的实证研究，曾有学者进行过总结，但相关总结并不完善。Lenart-Gansiniec（2017）总结了众包社区中知识共享研究的相关理论和测量维度。本书以 Lenart-Gansiniec 的总结为基础，对于虚拟社区知识共享实证研究的相关理论、作者、主要观点总结见表 2-1。

表 2-1　知识共享实证研究总结

相关理论	作者	主要观点
人力资本理论	Vries et al. ,2014 Sunardi,2017 王莉红等,2010 李瑞,2017 申静等,2020 潘天遥,2016 Youndt et al. ,2004 Hsu et al. ,2007 Chowdhury et al. ,2014 Kim,2015 赵爽等,2016	人力资本特征促进非正式知识共享； 人力资本正向影响知识共享； 知识共享对于人力资本积累有正向影响； 知识共享可以全面提高智库的人力资本并提高智力资本； 组织人力资本因素正向影响企业绩效
技术采纳与使用整合理论	吴士健等,2019 郭捷等,2017 郭宇,2016	以下因素通过知识共享意向影响知识共享行为:绩效期望、努力期望、获益期望、社会影响、感知风险、自我身份、感知知识优势
理性行为理论、计划行为理论	Wasko et al. ,2000 Wasko et al. ,2004 Jeppesen et al. ,2006 Roberts et al. ,2006 Wiertz et al. ,2007 Nambisan et al. ,2007 金丹,2015 Ham et al. ,2019 李志宏等,2009 单泪源等,2009 王贵等,2010	知识共享、吸收能力和自我评价的预期回报影响参与行为； 人们的行为是理性的,当他们从事一项特定的活动时,他们会考虑到自己的行为可能产生的后果； 信任倾向、学习的好处、社交能力、满足感、虚拟社区其他成员的欣赏、组织的欣赏促进参与

续表

相关理论	作者	主要观点
社会认知理论	Chiu et al.，2006 Lin，2007 王国保，2010 Liou et al.，2016 刘宁，2019 孙成江等，2019 Zhou，2018	基于认同的信任、信任、结果预期、自我效能促进知识共享； 个体因素、组织因素、技术因素、知识因素、文化因素影响知识共享
动机模型：内在动机和外在动机	Kleeman et al.，2008 Brabham，2008 Frey et al.，2011 叶伟巍等，2012 张利斌等，2012 冯小亮等，2013 Lai et al.，2014 Kumi et al.，2019 Kosonen et al.，2014 Boons et al.，2015 Ye et al.，2017 Yang et al.，2011 耿瑞利等，2019 李贺等，2019 Martinez，2017	外在动机：为工作本身以外的事务性工作，如奖金激励、学习新知识、获得职业相关技能、报酬、认同感、能力锻炼； 内在动机：指个人为了工作本身而工作，如为了和谐、名誉、互助、乐于助人、兴趣、成就感，满足心理需求、了解自己的效率； 内在动机、内化的外在动机和外在动机三种动机呈现共生关系，其中内在动机的影响作用相对更大，并指出奖金激励、能力锻炼及兴趣爱好是用户参与的三个主要动力； 信任、共同的目标、利己动机影响用户的初始参与、社会动机与利己动机共同驱动用户的持续参与行为
技术采纳模型	Tedjamulia et al.，2005 Tsai et al.，2013 王猛等，2019 柴欢等，2019	社区界面的友好以及通俗的功能、知识贡献流程能提升成员的参与意向，感知响应性和信息性对于用户知识共享具有促进作用

资料来源：作者根据相关文献整理。

二　元分析的视角

总结以往研究发现，对于虚拟社区知识共享影响因素的研究结论尚存分歧，有些结论存在相互矛盾。例如，诸多学者的研究结论支持利他对于知识共享意向具有显著正向影响（Hoseini et al.，2019；Jeon et al.，2020；Lee et al.，2016；刘虹和李煜，2020；谭旸等，2020；张克永和李贺，2017），然而 Park 等（2018）针对科学家在健康科学虚拟社区中的知识共享意向进行研究发现，利他对共享意向无显著影响。同样，互惠因素对知识共享意向或共享行为的正向影响也在多项研究中被支持（Hoseini et al.，2019；Lee et al.，2016；Park et al.，2018；Zhang，D. P. et al.，2017；Zhang，X. et al.，2017；李力，2017；缪运，2020；孙顺达，2020；张宸瑞，2016），但是 Guan 等（2018）在对社会问答平台的实证研究中发现互惠因素对于知识共享行为无显著影响。对于绩效期望、认同等影响因素的研究也同样存在分歧。

为了对这些影响因素进行系统化研究，探寻产生分歧的原因，得出更加普遍的结论，本书引入了元分析（Meta Analysis）技术（研究过程见附录二）。针对 2015 年至 2021 年 1 月的 48 篇文献进行研究，显示了关于知识共享意向与共享行为的影响因素及影响强度的元分析结论（见图 2-7），影响知识共享意向的因素有 10 个：绩效期望、主观规范、群体规范、互惠、信任、态度、声望、认同、自我效能和利他。除绩效期望影响强度一般外，其他因素对知识共享意向都具有高度显著影响；知识共享行为的影响因素有 7 个，包括感知有用性、共享意向、互惠、绩效期望、利他、信任、自我效能。除感知有用性具有一般显著影响外（r=0.3，位于一般显著的临界点上），其他因素对知识共享行为具有高度显著影响。其中，有 5 个因子对知识共享意向和知识共享行为都有影响，分别为利他、绩效期望、信任、互惠和自我效能（见表 2-2）。这一分析结论对于本书的模型设计具有借鉴意义。

此外，平台类型在互惠、态度与知识共享意向的关系中有调节作用，知识问答型平台与其他平台存在异质性，说明这一类型的平台在知识共享影响因素研究方面具有独特价值。又因异质性分析采纳了随机效应模型，该结论具有推广意义。目前的文献对于知识问答型平台的研究都集中在社会开放性知识问答平台上，纳入元分析的所有文献均以知乎为研究对象。本书在知识问答型平台这一类型的平台基础上，进一步限定了研究的场域是组织内部，研究结论将会带来新的启示。

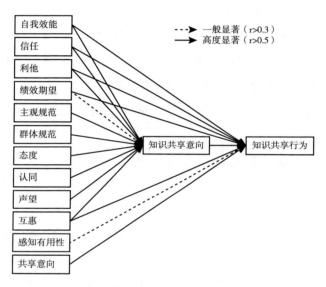

图 2-7 关于知识共享意向与共享行为的影响因素及影响强度的元分析结论

表 2-2 知识共享影响因素元分析汇总

知识共享意向		知识共享行为	
结果变量	r	结果变量	r
利 他	0.634***	利 他	0.520***
绩效期望	0.455**	绩效期望	0.525***
信 任	0.507***	信 任	0.621***
互 惠	0.506***	互 惠	0.544***
自我效能	0.566***	自我效能	0.546***

续表

知识共享意向		知识共享行为	
结果变量	r	结果变量	r
态　　度	0.534***	共享意向	0.601***
声　　望	0.549**	感知有用性	0.300***
认　　同	0.563**		
主观规范	0.501***		
群体规范	0.503***		

注：*** $p<0.001$，** $p<0.01$。

第五节　学界对企业在线教育的回应

总结既往关于虚拟社区知识共享的研究文献，有以下几个方面的特点。

1. 研究课题方面

以知识共享动机与激励研究为重点，相关文献也最多，也有与知识经济、知识论相关的宏观理论研究。关于在线教学知识共享行为特征的研究近年来发展起来，但相关文献仍然较少，缺乏系统化论述。

2. 研究对象方面

以社会开放性虚拟社区为主，包括在线问答平台（知乎、百度知道、维基百科等）、在线社交平台（微博、微信等）、在线体验交流平台（小红书等）、在线专业交流平台（学术交流平台、医学类互助社区等）、在线教育平台（国内外慕课等），关于企业内部虚拟教育平台的知识共享研究不多，这与数据的可获得性有关。

3. 研究涉及的理论方面

主要涉及的研究理论包括基于经济学视角的人力资本理论，基于心理学视角的动机理论、认知评价理论、自决理论，基于社会学与组织学视角的社会资本及社交认知理论、理性行为理论、计划行为理论，基于信息管理视角的技术采纳模型，以及整合了上述多个理论模型的 UTAUT 模型等。

一　已解答

前人的研究一方面为本书的研究开展提供了理论和实证基础，带来了多方面的启示；另一方面前人的研究也仍然存在一些局限，这也为本书的研究提供了空间。

1. 知识共享行为特征方面的研究中，SECI 模型描述了知识共享的过程，也为本书中对知识共享行为的分析提供了可以遵循的脉络

本书所研究的知识共享行为就是隐性知识和显性知识不断转换，从而实现知识增值的过程。知识链的协同性研究跳出了个体或单一组织的局限，提供了一个更为宏观的知识联盟视角，为本书分析企业层面的人力资本和知识共享提供了思路。本书所研究的企业教育虚拟社区平台的用户来自 500 多家企业，即 500 多个知识节点，它们纵横交错，成为一张有机的知识网。本书对知识共享行为进行聚类分析发现，这张知识网上的知识节点具有高度同质性，知识链的协同理论将为其提供解释视角。

2. 学者关于网络参与不均衡性的研究，也为本书探讨教育虚拟社区中的知识共享行为特征提供了启示

由于人力资本投资收益的滞后性和长期性，企业对于培训预算的安排往往比较慎重，如何使用有限的投资获取最大的收益成为企业教育实践中的主要问题。如果能够证实在教育虚拟社区的参与中存在关键贡献者，即极少数人贡献了大多数的知识，将为企业的人力资本投资策略带来重要启示。本书试图验证在企业内部的虚拟培训社区中存在这种知识共享行为的不均衡性，并刻画出关键贡献者的特征。本书对既有文献的梳理肯定了这一研究方向的正确性。Nielsen（2006）

通过实证研究，总结出网络参与的不均衡性特征，指出互联网社区的用户参与符合 90∶9∶1 原则，基于这一发现，作者建议互联网社区要采用干预措施来促进超级用户的知识贡献。Carron-Arthur 等（2014）和 Mierlo（2014）在各自的实证研究中证实了 90∶9∶1 原则，确认了超级用户的存在。上述知识共享的不均衡分布研究为企业的知识共享特征研究奠定了理论和实证基础。本书通过聚类分析技术验证在组织内的教育虚拟社区中是否存在高密度的知识共享行为，是否存在"超级用户"和"贡献者"，刻画出这些群体的特征，进而对关键贡献者的知识共享动机进行分析。

3. 基于人力资本与知识共享方面的既往研究，本书试图发掘个体人力资本和组织人力资本要素对知识共享的影响，从而丰富知识共享的研究

虽然基于人力资本的视角研究知识共享的相关文献还较为有限，但现有文献已证实个体人力资本和组织人力资本对知识生产或企业绩效具有影响。Vries 等（2014）通过实证检验证明员工的经验能够促进创新型知识的分享。Sunardi（2017）通过定性研究证实员工的多元化教育背景、技能和经验可以促进非正式知识共享。潘天遥（2016）的研究证实了人力资本对知识共享存在显著正向影响。

关于个体人力资本、组织人力资本与绩效的关系，学者进行了理论和实证的探讨。赵秀清（2011）认为，个体人力资本并不必然转化为组织人力资本，组织绩效的提高不仅是由个人能力的提高驱动的，个人对于组织的投入和承诺也至关重要。王莉红等（2010）通过问卷调查分析后证明人力资本、社会资本对知识共享及知识相关绩效都具有显著的正向影响。还有学者证实知识共享促进组织人力资本积累（李瑞，2017；申静和耿瑞利，2020），组织人力资本促进组织绩效提升（Chowdhury et al.，2014；Youndt et al.，2004；Hsu et al.，2007）。

上述人力资本视角对知识共享的研究为本书带来了新思路。

（1）虽然相关文献数量较为有限，但已有研究就人力资本要素对知识共享的影响进行了初步探索，研究结果提示两者具有相关性，基于这一结果可以进行进一步深入的探索。

（2）对于组织人力资本的研究显示，个体人力资本与组织人力资本是两个既有联系又有区别的概念，提示研究的层面可以从个体层面和组织层面两个维度展开。

（3）已有研究提供了对人力资本进行量化研究的变量角度。对于人力资本变量的度量可以从知识、能力、经验、职位角度出发（闵维方，2017；Vries et al.，2014；Sunardi，2017；赵爽等，2016；Cabello-Medina et al.，2011；Crook et al.，2011；Yang et al.，2009；Blanco-Mazagatos et al.，2018；Combs et al.，1999）。在组织人力资本测量方面，可以参照前人的做法，采用个体人力资本变量的平均值（Bingley et al.，2004；de Grip et al.，2005；Hitt et al.，2001）。

4. 对于知识共享影响机制方面的研究文献较丰富，学者们试图从多个维度回答一个问题——个体为什么在虚拟社区中分享知识

过去 20 余年学者们从心理动机、组织环境、技术环境等多个角度对这一课题进行了理论探讨和实证研究，所采用的理论和模型多达 10 余个，涉及的文献多达千余篇。本书对已有的理论研究和实证研究进行了回顾，并对虚拟社区知识共享意向和共享行为的影响因素文献进行了元分析，上述回顾和元分析的成果为本书提供了多重启示。

（1）以往研究提供了理论框架方面的参考。本书选择 UTAUT 模型作为知识共享机制研究框架。这是因为 UTAUT 模型所涵盖的潜变量较为全面，且解释力较高——该理论整合了社会认知理论、计划行为理论、动机模型和技术采纳模型等八项理论模型中的因子，囊括了来自社会学、心理学、组织行为学、信息技术采纳的多种视角，且实证检验解释力高达 70%。

（2）相关模型构建为本书中知识共享意向和知识共享行为的影响因素定义提供了参考。本书的元分析结果显示，虚拟社区知识共享影响因素的研究结论尚存在分歧，有些结论存在相互矛盾，研究结论受到虚拟社区平台类型的调节。元分析的结果发现了 10 个影响知识共享意向的因素，包括绩效期望、主观规范、群体规范、互惠、信任、态度、声望、认同、自我效能和利他；以及 7 个知识共享行为的影响因素，包括感知有用性、共享意向、互惠、绩效期望、利他、信任、自我效能；其中有 5 个因子对知识共享意向和知识共享行为都具有影响，分别为利他、绩效期望、信任、互惠和自我效能。

（3）平台类型在互惠、态度对知识共享意向的关系中具有调节作用，知识问答型平台与其他平台存在异质性，说明这一类型的平台在知识共享影响因素研究方面具有独特价值。本书选择组织内部的知识问答型平台作为研究对象，并进一步限定了研究的场域是组织内部，研究结论将带来新的启示。

二　待发展

已有研究尚存在研究框架、研究方法以及研究对象方面的局限性。

1. 在研究框架方面存在局限

无论是人力资本理论还是 UTAUT 模型，都不足以单独说明企业教育虚拟社区中知识共享的影响机制。人力资本理论大多用于人力资本投入和收益的研究，例如教育与个人职业发展的关系、教育与家庭财富积累的关系、教育与社会经济发展的关系等。研究课题专注于较为宏大的经济发展课题或教育投资课题，在微观企业收益研究中的应用相对较少，如果进一步聚焦企业虚拟培训社区的知识共享研究，相关文献更为稀少。

在知网上以人力资本和知识共享为关键词进行搜索，仅搜到 117

篇，以英文 Human Capital 和 Knowledge Sharing 进行搜索，仅搜到 56 篇，且在前人的文献研究中，较专注于知识共享对个体人力资本的影响，而对于反方向的论证，即人力资本要素对知识共享行为的影响研究较少。同时，将组织人力资本用于知识共享的专项研究仅查阅到 1 篇。目前人力资本理论缺少对团体（或群体）人力资本的研究，即缺少对个体人力资本之间关系的结构性研究（叶正茂和叶正欣，2014）。人力资源管理实践与企业绩效之间的"黑匣子"调节机制尚不清晰（Hsu et al.，2007）。对于知识共享机制的研究文献较多，但未发现与双层人力资本（个体人力资本、组织人力资本）相结合的研究框架。本书将人力资本理论和 UTAUT 模型结合起来共同构建研究框架，可以丰富知识共享的研究视角，拓宽研究成果。

2. 在研究方法和技术方面存在局限

在研究方法方面，基于人力资本的知识共享研究多采用问卷法，而少有直接建立于行政管理数据之上的研究。研究询问被测者对于人力资本要素的看法，例如"我们的员工具有高专业技能，具有开发新技术新知识的能力"（王莉红等，2010），而非职称情况、职位情况等与人力资本相关的一手数据。与行政管理数据相比，问卷调查可能会受到社会赞许等多种因素的影响而产生结果偏差。同时，研究技术大多采用分层回归或简单回归，尚未发现将企业人力资本和个体人力资本相结合构建多层线性模型分析知识共享的相关文献。

这一情况与微观企业层面人力资本数据的可获得性相关。微观层面的人力资本数据多为企业机密数据，非常难获得，又由于很多企业的数据相互割裂，无法将人力资本数据与教育平台的参与数据相互对应，故而基于人力资本行政数据对企业教育平台的研究就变得异常困难。本书基于行政管理数据进行多层线性模型研究，同时与质性访谈、问卷调查相结合，力图为知识共享行为的解释提供尽可能全面和接近现实的分析结论。

3. 在研究对象方面存在局限

　　由于数据可获得性的限制，目前对虚拟社区的知识共享研究主要集中于社会开放性平台，例如微博、小红书、维基百科等，对于组织内的虚拟社区知识共享行为研究较少。本书的文献综述部分对近六年的 48 篇论文进行了元分析研究，48 篇论文中聚焦组织内部知识共享研究的论文只有 6 篇。

　　本书聚焦组织内部的教育虚拟问答平台研究知识共享行为，为知识共享研究提供了三种场域的视角：①就组织形式而言，聚焦组织内部；②就知识分享的技术场域而言，聚焦互联网虚拟社区；③就知识共享平台类型而言，聚焦知识问答型平台。本书聚焦知识共享研究的场域，所得出的结论更具有实践应用价值。

第三章　发现关键贡献者：
谁贡献了企业社区中80%的知识？

第一节　关键贡献者在哪里？

企业教育的目标是通过多元的培训方式提升员工的知识和技能，积累组织的人力资本，最终提升企业绩效。企业教育虚拟问答社区是企业教育的一种创新型技术形式。如何基于这一教育创新来促进知识共享意向和知识共享行为是本书的主要研究内容。

本书以某汽车维修在线问答平台为对象，研究该平台用户知识共享意向和知识共享行为的影响因素。这一平台被称作"汽车知识问答平台"（AQA）。该平台由某汽车制造商研发，类似于企业内部的"知乎"，其目标是通过经销商的经验分享建立一个最新的技术解决方案知识库。平台用户主体是该品牌经销商的售后维修技术人员，在此平台上，维修人员可以向别人提问，也可以回答别人的问题。共享是 AQA 平台的核心理念，也是其成功的关键。

AQA 平台作为企业教育虚拟社区的创新实践，具有代表性和前瞻性。经过行业对标分析，未发现其他汽车品牌存在类似平台，该平台在汽车行业的企业教育虚拟社区中具有领先地位。在该品牌内部，未发现他国市场存在同类平台，AQA 平台在全球范围内开了先河，公司总部计划将此项目进一步推广至全球。因此，对这一平台中的知识共享行为影响机制进行分析，对于企业虚拟社区的建设具有启发性和前瞻性意义。现将 AQA 平台的组织生态环境、人力资本情况、平台建设背景及意义、平台功能和管理制度等介绍如下。

一　组织生态环境

汽车维修领域的组织生态主体主要包括汽车制造商和汽车经销商。图 3-1 表明了汽车制造商和经销商的关系。制造商与经销商在经济活动中都是独立的法人，没有直接的从属关系，不属于同一组织，不具备行政领导关系，而是委托代理关系。其中，制造商是委托人，经销商是代理人。汽车制造商俗称厂家，是汽车批发商，其与经销商签署品牌授权协议，授权经销商根据协议销售该品牌汽车并提供售后服务。由于不属于同一个组织，制造商对经销商之间的知识共享行为主要以指导、支持和倡议的方式推行。同时，在经销商之间尤其是同一城市的经销商之间存在竞争关系，而维修技术又是构成其核心竞争力的关键因素，这也成为经销商成员在 AQA平台上进行知识共享的潜在障碍。但是也有一些经销商隶属于同一个集团公司，图 3-1 中经销商 A 和经销商 B 两者共享同一制造商，受同一母公司管理。该母公司对下属经销商的知识共享行为具有行政干预权。

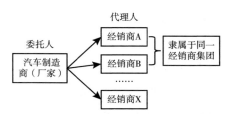

图 3-1　汽车制造商和经销商的关系

二　人力资本情况

1. 职位情况

汽车维修知识共享行为所发生的实体场域是经销商的售后部门，售后部门属于科层制的组织机构，共有四层职级：总经理、售后经理、各部门主管以及各部门工作人员。企业教育虚拟社区的用户包括总经理、售后经理、车间主管、技术主管、诊断技师、系统技师、保养技师（见图 3-2）。

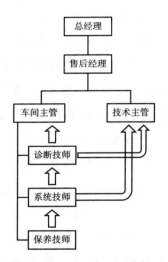

图 3-2　经销商售后组织结构及晋升路径

各个职位职责如下。

总经理：带领管理团队实现经销商整体业务发展，包括领导汽车销售和售后服务，实现财务目标、客户满意度目标以及员工满意度目标。

售后经理：带领售后服务部实现售后业务目标、客户满意度目标，确保维修服务质量，确保严格遵循《中华人民共和国劳动法》及《中华人民共和国环境保护法》等法律法规。

车间主管：履行车间内的资源规划、人员管理、信息管理职能，确保完成生产效率和客户满意度。

技术主管：管理和发展一个专业的技术部门，通过快速、有效并且高质量的服务达成更高的客户满意度，贯彻和监控所有售后服务标准的实施。

技师主要包括保养技师、系统技师和诊断技师。保养技师：根据标准和工序要求完成保养服务工作。系统技师：根据标准和工序要求完成车辆维修工作，包括车辆预诊断、解体、组装、测试、调整以及最终检测工作。诊断技师：完成高难度及复杂的维修诊断；提供重要维修案例的技术建议；对于复杂技术问题及重复案例，必要时联络上一层获取支持。故障诊断是维修车间里技术含量最高的工作。现代汽车维修"七分诊断，三分修理"（孙环，2020），诊断技师类似于医院的主任医师、坐堂老中医，其主要工作就是对车辆的疑难杂症进行诊断，找到车辆的"病因"。

上述职位的晋升路径如图 3-2 所示。保养技师从事的是较为简单的汽车保养工作，例如更换机油、机油滤芯等；保养技师可晋升为系统技师，从事车辆损坏部件的维修工作；继续发展可以晋升为诊断技师，从事车辆故障的诊断工作；诊断技师进一步可以晋升为技术主管或车间主管。就技术主管而言，一般情况下由诊断技师晋升而来，也有个别情况由表现优异的系统技师晋升而来。

2. 技术认证情况

技术认证：技术认证体现了员工的专业技术能力。该认证系企业内部技术认证，从低到高依次为认证保养技师、认证系统技师和认证诊断技师，在未获得认证前，统称为学徒。AQA 平台的主办方（某汽车制造公司）对品牌授权的所有经销商提供技术认证服务。认证服务包括认证培训和认证考试两部分，学员需经过足够学时的系统性培训，通过笔试、维修实操考试才能获得证书。证书代表了持证人员的知识储备、维修技术水平，一旦获得，终身有效，在品牌内部全球认可，具有公信力和"含金量"。各类认证及其技能描述见表 3-1。

表 3-1　各类认证及其技能描述

职位	认证	技能描述
保养技师	认证保养技师	难度最小,要求对汽车构造熟悉,有比较扎实的汽车理论基础,懂得日常保养操作,会熟练操作诊断电脑即可
系统技师	认证系统技师	要求掌握动力系统、底盘系统、车辆电器系统技术
诊断技师	认证诊断技师	要求熟练掌握各个车型技术,具有故障诊断能力

3. 组织内部人力资本培养情况

组织内部人力资本培养主要按照以下两种模式进行。

第一种培养模式是校企合作。汽车维修行业的人才培养主要依靠职业技术学校、技工学校等（孙环，2020），本书涉及的 AQA 平台方对于初始人力资本的培养采用校企合作的方式。该汽车厂家与 10 多所大专和高职院校建立了校企合作关系，每个学校设立一个定向培养班级，按照国家计划正常招生。培养方式借鉴德国"双元制"工学结合模式，由校、企双方共同培养。双方联合制定教学大纲、教学计划，共享该品牌汽车的技术文件资源，按照企业需求共同开发课程和教材。在教学师资方面，采用以职业教师为基础、以行业专家为指导、以企业技术专家为支持的师资建构体系。同时，该汽车厂家每年派出技术专家参与一些院校的专业建设和教学工作，对教学进行指导，对教师进行培训，与教师联合编写教材，并亲自授课。在教学方法方面，采取现场教学、项目教学、小班授课。在教育技术方面，由汽车厂家投入设备和教师培训经费，校企共建模拟仿真的发动机装配线，建立实训室。在教学评价方面，采用企业标准对学生进行教学评价。在就业方面，学生在毕业前一年进入品牌授权经销商实习，实习合格且通过招聘考核者，将予以留用，成为学徒或直接成为技师，某些专向培养班学员能够达到 100% 进入该品牌就业。该校企合作计划自 2007 年开始实施至今，使得维修人员在进入企业前具备了基本的技术知识。同时，项目仍然存在推广力度不足、尚未实现维修人才的全面供给等问题，还有较大提升空间。

第二种培养模式是在职培训。在职培训是经销商售后人员维修技能的主要培养方式。在职培训由厂家和经销商联合开展。厂家为经销商技术人员提供标准化的任职资格培训和认证，经销商的技术主管为经销商技术人员提供在岗技术指导和企业内训。厂家认证培训采用阶梯制的培养方式，不论员工在上岗前是何种教育背景，均从最低的认证开始培养，逐级考试，完成由认证保养技师到认证系统技师、认证诊断技师的培训认证过程。作为职位资质培训，关键职位所有在职员工须按执行准则要求完成相应课程，对于每个职位的认证率都有关键绩效指标要求。每个认证培训都有一定的认证条件和培养周期。以认证诊断技师为例，学员在参加培训前，需具备保养技师认证和系统技师认证。培训采用面授、虚拟课堂和在线学习的混合教学模式，学员在完成所有课程的学习并通过每门课程的在线考试后可参加最终的认证考核。认证保养技师的培训和认证周期是半年到一年，认证系统技师的培养周期是一年，认证诊断技师的培养周期至少为一年。一位职场新人经过层层认证最后拿到认证诊断技师最快需要三年左右。然而在实践中，由于受到工学矛盾、领导重视度等多种因素的影响，员工最终升级到认证诊断技师的平均年限为6~7年。

三 平台情况介绍

本书的数据来源 AQA 平台是某汽车厂家内部研发的技术问答系统，建立于 2018 年 5 月 10 日。该系统建立的初始目标是为经销商提供一个维修技术交流的平台，通过经销商之间的经验分享来建立一个最新的技术解决方案字典。

1. 平台建设背景及意义

之所以选择汽车维修领域的知识共享行为作为研究对象，是因为其典型性、代表性及其实践意义。随着国民经济的持续快速增长，消费需求快速增加，带动了汽车销售市场的繁荣，也为汽车维修服务业带来了巨大的机遇和挑战。汽车经销商为适应新的竞争环境，采用新技术是提高自身核心竞争能力的必然选择（马洪文等，2011）。汽车维修知识是构成其竞争力的战略资源。

（1）产业层面：汽车维修领域知识共享的重要性。

作为国民经济支柱产业和实体经济重要组成部分，汽车工业被喻为"宏观经济稳定器"，对相关产业具有明显拉动作用。2018 年汽车行业营业收入占到全国总营业收入的 8%。汽车售后维修服务是汽车行业的重要组成部分，其质量不仅影响到最终用户的行车安全和汽车企业及其合作伙伴的利益和信誉，甚至影响到我国汽车行业的售后服务整体水平。中国汽车流通协会发布的《2019 年四季度中国汽车售后服务质量消费者评价报告》中对"维修质量最需要改进的方面"调查的结果显示，42.79% 的消费者认为维修保养质量最需改进。不仅如此，对于汽车经销商而言，售后服务是其主要的利润来源，售后服务维修质量将直接影响其营业所得（Liang，2020）。在汽车发生故障后，如果技师没有相关的诊断经验，就要通过拆卸部件进行故障判断，但客户往往不愿对这些关键部件进行拆卸，同时拆卸工作费时费力，影响工作绩效。汽车故障的诊断要求技术人员具有较丰富的专业理论知识和维修经验。传统的故障维修和诊断依靠个人积累的维修经验，而个人维修经验大多是不成体系的口头相传，这增加了学习的难度和成本，也使得许多宝贵的经验知识不能更好地被人们使用，甚至造成知识的误传和损失。因此，在汽车维修领域进行知识共享具有重要意义。

（2）行业层面：汽车维修领域的知识密集性。

随着汽车结构的日渐精密和复杂，一辆汽车包含数万个零部件，加之汽车型号的多样性和使用环境的不同，技术知识点差异较大，要对一辆车的故障进行诊断，不但要熟知零部件的知识，还要结合个人经验对环境、客户用车习惯等因素进行综合判断。随着车型不断更新，维修人员还需要不断更新个体知识库，以了解新发布的车型。新知识和新经验每天都在生产、更迭、传递、使用、重组、转化，行为现象多元、复杂、多变，行为频次高。对汽车维修领域进行研究，其结果更具代表性。同时，近年来汽车行业的技术革新日新月异，智能汽车、新能源汽车层出不穷，这对行业知识的迭代和人力资本的更新也提出了新的要求。

（3）企业层面：汽车维修领域知识共享的迫切性。

企业面临着提高维修技术知识管理效率的迫切需求，即利用有限的资源获得快速、高质量的知识共享。具体表现为以下几点。

首先，不断增长的知识共享需求与有限供给之间的矛盾。随着新车型持续上市，新技术学习的需求持续增长。而汽车制造商的技术指导人员数量有限，难以及时应对日常出现的维修问询。汽车制造商技术指导人员只有十余人，但经销商有数百家，维修技术人员有数千人，以十人面对千人，知识共享的难度可想而知。在这种情况下，高效的解决方案就是利用互联网虚拟社区，由用户创造内容（User Generate Content），从教师教改为同伴教，鼓励经销商之间进行知识共享、互助学习，自助式提出问题、解决问题。

其次，教育技术困境。在现有单向沟通的技术交流平台或公众社交平台中，知识共享范围有限、效率不高。长期以来，经销商接受维修知识以及解决疑难问题的路径为技师接受汽车品牌制造商培训部的一次性培训，然后通过实践实现知识的内化。在维修过程中，如果遇到无法解决的疑难问题，技师可以通过技术平台向制造商技术部提问等待解答，但是该方式效率较低。为了获得及时解答，技师会在自行组织的微信群中寻求同伴帮助，但是共享范围有限，回答质量不高，信息安全无法保障，导致形成的知识不能归档保存，无法形成平台的知识库，不能进行二次分享，无法实现知识创造的螺旋发展。

再次，人员离职带来知识流失。以某汽车品牌为例，售后维修人员的离职率高达 25%。维修技师的成熟至少需要 2~3 年，来之不易的个人隐性知识如果不能及时转化为组织的显性知识进行留存和共享，就会随着维修技师离职而流失，进而影响组织整体的维修水平和竞争优势。

最后，技术能力发展速度不能满足客户需求，导致客户对售后服务的满意度降低。随着年轻客户不断增加，快节奏的生活使得客户对维修时间越来越敏感。客户对于车辆"疑难杂症"得到快速解决的需求倒逼经销商提高维修速度，而维修速度取决于技师的知识储备和经验积累。在个人知识不足的情况下，借助虚拟社区的力量寻求知识支持成为快速高效的解决方案。

上述汽车行业知识共享面临的挑战与组织内部知识共享困境非常相似，加之汽车产业对于国民经济的重要性，研究汽车产业的知识共享行为对于整个行业以及企业组织的知识共享行为研究都具有重要意义。

2. 教育技术策略

AQA 平台的技术策略采用众包模式。众包是指基于互联网，将任务分配给众多参与者进行集体创作的一种协同工作和生产模式（Howe，2006）。通过众包模式，AQA 平台将传统由厂家技术部 10 余名工程师承担的工作，通过互联网以自由自愿的形式转交给全国 500 多家经销商、数千名的技师群体来完成。通过这一模式的构建，经销商技师由知识寻求者和学习者变为知识的发布者和分享者，厂商技术部的工程师由知识的发布者变为知识共享的辅助者。AQA 平台的建设打破了空间的限制，为技师的隐性知识转化为显性知识以及知识的跨组织分享提供了数字化场域。

3. 平台参与方

汽车品牌制造商的技术部门负责 AQA 平台的基础搭建、运营管理和组织支持。本书中的技术部共有 10 余名汽车维修技术专家，负责平台的培训、推广、用户互动，以及对问题解答进行验证。授权经销商所有的管理人员和技术相关人员都可注册为平台用户。出于技术信息保密的原因，该平台不向社会公众开放。

4. 平台功能及知识共享行为内容

AQA 平台主要支持用户在该虚拟社区中实施知识共享行为。行为类别包括提出自己的问题、回答别人的问题、分享自己的维修经验、建立自己的维修笔记。上述回答和分享行为均为知识共享行为。

（1）提问功能。当用户需要发布问题时，可点击"我要提问"弹出提问界面，填写相应的问题标题以及问题描述，可添加图片、音频、文档以及超链接等来描述问题。可邀请其他用户进行回答，以及对问题进行悬赏，以加快问题解决的速度。编辑完成后，可以保存为笔记或者直接发布。问题发布后，提问者有一次追加问题描述的机会，点击"追加描述"，可以输入追加的内容和照片。

（2）分享功能。分享的内容是维修经验。在主界面点击"分享心得"，弹出分享界面，操作方法及填写标准与发起提问相同，当一个提问、回答或分享还没有完全整理完成时，可使用笔记功能，将其保存为笔记，之后在笔记中查看，并可继续完成。

（3）回答功能。为别人解答问题时，可在主页点击"我要回答"，点击上方的四种问题类型来选择要回答的问题，即"热门话题，我的关注，急需回答，受邀回答"，也可通过关键词搜索问题进行回答，同样可添加图片、音频、文档以及超链接来描述问题，编辑完成后可以保存为笔记或者直接发布（见图 3-3）。

图 3-3　AQA 平台

5. 平台管理制度

为了促进知识共享行为，平台设计了一系列激励制度，如积分、等级制度、身份勋章、采纳验证、平台互动（厂家管理员深度参与、小视频、名师讲堂）、优秀案例推广等。

（1）积分。如表 3-2 所示，积分值为用户通过 AQA 平台的回答、分享、评论、被点赞（也称获赞）等行为获得的平台奖励。积分值体现了用户分享知识的数量和质量。

表 3-2　AQA 平台积分规则

行　为	获取积分	行　为	获取积分
发表回答	3	被采纳	1
发表分享	4	被认证为标准答案	1
发表评论	0	发表提问	1
被点赞	1		

（2）等级制度。等级制度是用户在 AQA 平台答题能力的集中体现。用户通过回答、互动、完成任务等行为提升等级。AQA 平台用户有 30 个等级，若用户在积分值、采纳数、认证数、精华 4 个维度的成绩满足相应等级标准，则可以提升等级。

（3）身份勋章。随着级别升高，用户可以获得不同的勋章。每一个勋章代表了一项成就的达成，勋章为不同款汽车的图形。同一名称的勋章依次为"青铜""白银""黄金"，代表了任务难度的加大。获得每一种勋章可带来相应的积分奖励。

（4）采纳验证。采纳数衡量的是用户的回答被提问者或网友采纳的总数。验证是指该回答已经被厂商技术专家认证为标准回答，这是知识质量被认可的标识。

（5）优秀案例推广。厂家技术部门会对 AQA 平台上形成的案例和技术解决方案进行筛选，将具有推广意义的案例和技术解决方案上传到该品牌在全球应用的官方技术查询平台，供技师查询使用。如果技术方案能够被选中进行全球分享，分享者将在全球建立声誉，是一种荣誉和认可。

第二节　关键贡献者是谁？

在企业教育虚拟社区中是否存在不均衡的知识共享行为？是否存在关键贡献者？Jackson 等（2015）发现了一种扭曲的参与模式，即虚拟社区里的知识贡献者里总是有两群人：大量不太参与的人和一群高度投入的核心参与者，对于这一现象的研究具有理论意义和实践意义，但是在目前的已知文献中还很少涉及。少数国外研究对社会开放性平台中的知识共享行为特征进行了分析，提出了 90∶9∶1 原则。企业教育问答社区中也有两种角色，即知识的贡献者和接收者，接收者也被称为"搭便车者"（Wang et al.，2006）。知识贡献者是提供知识的人，知识接收者是查询和接收知识的人。知识贡献者的行为强度和质量决定着知识生产的结果，对其行为特征及影响因素的研究对于知识共享的效能提升是有意义的。在知识贡献者中，是否存在一批人，他们贡献了社区中大部分的知识，从而成为关键贡献者？他们的知识贡献行为是否也符合 90∶9∶1 原则？他们的人力资本特征如何？

本章将通过对 AQA 平台的管理性数据进行聚类分析和描述性统计来回答这些问题。

一　是否存在关键贡献者？

截至 2021 年 5 月，AQA 平台登录用户总数为 4825 名，将用户按照积分值降序排列，对前 20%用户的浏览数、发帖数、评论数进行汇总，发现其贡献的浏览量、发帖量、评论量及积分值占各总分值的比重都在 80%左右，符合"二八原则"（见表 3-3）。前 20%的关键人物对于知识共享的成果具有举足轻重的作用，本书进一步采用聚类分析的方法对关键贡献者进行分析和描绘。

表 3-3　积分值分布汇总结果

		浏览量	发帖量	评论量	积分值
	总数	1859334	132712	148661	1306996
积分排名前 20%用户	数值	1423310	97316	113007	1077949
	占比（%）	76.5	73.3	76.0	82.5
积分排名前 15%用户	数值	1281582	83160	107346	1066067
	占比（%）	68.9	62.7	72.2	81.6
积分排名前 10%用户	数值	1119395	65125	97566	963061
	占比（%）	60.2	49.1	65.6	73.7
积分排名前 5%用户	数值	881216	41724	78123	763491
	占比（%）	47.4	31.4	52.6	58.4
积分排名前 1%用户	数值	556257	16691	40099	389321
	占比（%）	29.9	12.6	27.0	29.8

（一）分析方法

本书通过 K-means 聚类算法对知识共享行为进行了分析。K-means 聚类算法是聚类分析中使用最为广泛的算法之一，分析工具是 SPSS。在聚类变量选取方面，采用积分值来表征知识共享的综合数量和质量。由于各类数据的取值区间不同，在聚类分析中对数据进行了标准化。文献分析表明，在知识共享的社区中，总是存在一群关键贡献者和一群不活跃的潜水者，本书试图识别、描述这些关键贡献者，因而设置聚类的类别为2类。

（二）关键贡献者识别

根据多层线性模型分析的样本要求，筛选出161个企业，共1051名员工作为样本进行聚类分析和多层线性模型分析（数据整理详见附录一）。采用积分作为聚类变量，积分值代表知识共享的数量和质量。通过K-means聚类分析将全部个案分为两组，结果如表3-4所示。两类个案数目差距较大，第1组有885名员工，占到84.21%；第2组有166名员工，占15.79%。

表 3-4　聚类个案数目

聚类	第1组	885人
	第2组	166人
有效		1051人
缺失		0

本书使用SPSS对上述两组人员的积分、浏览量、发帖量、发表评论量和为他人点赞量进行比较，试图发现其是否有显著性差异。其中，积分代表了员工的知识共享量，发帖量、浏览量、评论量、点赞量代表了员工的整体参与性。组间差异检验分为两个步骤：第一步，检查变量是否符合正态分布；第二步，如果满足正态分布，则使用独立样本T检验；如果不满足正态分布，则使用非参数检验。

上述变量均不符合正态分布，故采用非参数检验。结果显示，两组之间存在显著性差异（$p<0.01$），第2组的中位数均显著高于第1组。其中，代表知识共享的积分中位数差异最为显著，第2组的积分中位数（1045）是第1组的积分中位数（106）的9.86倍。对于代表参与度的发帖量、浏览量、评论量、获赞量的中位数进行比较，差

异不如积分悬殊，但第二组的中位数值也达到了第1组中位数的4~7.6倍（见表3-5）。说明在企业教育虚拟社区中，确实存在关键贡献者，这个群体不但主动和其他虚拟社区成员分享知识，还会对他人的分享行为进行反馈，从而成为虚拟社区的核心力量。因此，对于这个群体进行识别就很有意义。

表 3-5　知识共享及参与情况对比

	第 1 组			第 2 组		
	平均值	中位数	标准差	平均值	中位数	标准差
积　分	172	106	182	1161	1045	392
浏览量	1019	700	1151	3564	2913	2819
发帖量	46	25	58	201	189	111
评论量	13	4	28	77	26	142
获赞量	40	8	99	110	46	179

二　关键贡献者是谁？

通过聚类分析，证实了在企业教育虚拟社区中确实存在关键贡献者。这一群体的成员具有何种人力资本特征？以下通过描述性统计分析对这个群体进行画像（见表3-6）。

（一）关键贡献者是怎样一群人

将第1组命名为普通组，第2组命名为关键组，首先观察两组员工的人力资本变量情况。与普通组（第1组）相比，关键组（第2组）具备以下特点。

首先，工龄中位数为8年，高于其他人员2.4年。经过中位数检验可见，两组间的工龄差异显著（$p<0.01$）。其次，关于受教育年限，第1组和第2组没有差异，平均值均为14年，中位数均为15年，对应到教育类别为大专。再次，从职位情况来看，先计算行占比，即各个职位在普通组的占比情况和在关键组的占比情况，第2组关键组随着职

位的增高，占比增加。例如，技师占比 4.6%，技术专家占比 19.6%，而管理人员占比达到 61%。再计算列占比，即每个职位在本组样本中的占比，关键组中的管理人员和技术专家占比最高，分别为 43.4% 和 40.4%。通过卡方检验可见，两组之间的职位情况差异显著（p<0.01）。最后，认证情况的特征最为明显。从行占比来看，与普通组相比，关键组人员的认证结构呈现出占比随认证级别升高而增大的趋势。从列占比来看，在关键组中，占比最高的是高级认证人员，达到 81.3%。通过卡方检验可见，两组之间的认证情况差异显著（p<0.01）。

综上所述，关键贡献者的特点为：工龄较高，职位多为技术专家和管理人员，认证情况多为高级认证。工龄代表工作经验，认证情况体现了该员工的专业技能情况。因而，关键贡献者是这样一群人：他们具有较丰富的工作经验，具备最高等级的专业技术能力，已经成长为技术专家和管理人员。

表 3-6 关键贡献者画像——个体人力资本变量

		普通组			关键组		
		计数	平均值/行 N%	中位数/列 N%	计数	平均值/行 N%	中位数/列 N%
个体受教育年限（年）		885	14	15	166	14	15
个体工龄（年）		885	5.96	5.60	166	8.31	8.00
职位	技师	565	95.40%	63.80%	27	4.60%	16.30%
	技术专家	274	80.40%	31.00%	67	19.60%	40.40%
	管理人员	46	39.00%	5.20%	72	61.00%	43.40%
认证	学徒	80	97.60%	9.00%	2	2.40%	1.20%
	初级认证	403	93.30%	45.50%	29	6.70%	17.50%
	高级认证	402	74.90%	45.40%	135	25.10%	81.30%

（二）关键组和普通组的组织人力资本变量差异不显著

本书对组织人力资本变量进行描述性统计，发现两组员工所在企业的平均工龄、企业平均受教育年限、各类认证占比、各类职位占比之间差异不大，进一步进行组间差异检验，证实了描述性统计的观察，关键组和普通组的组织人力资本变量差异不显著。

第三节　他们本就与众不同——关键贡献者的人力资本背景对共享行为的影响

上一节本书对于教育虚拟社区中的关键贡献者进行了研究。研究结果证实，在虚拟社区中存在关键贡献者，他们的个体人力资本要素与其他用户存在显著性差异。这是否说明人力资本要素对知识共享行为具有显著的影响？本节将通过多层线性模型分析个体人力资本要素和组织人力资本要素对知识共享行为的影响。

一　样本描述性统计分析

人力资本数据来源为 AQA 平台的后台数据、组织相关数据和人力资源数据，包含了从平台创建到 2021 年 5 月 31 日为止的相关信息。结合分析目标，本书对数据进行了筛选和重新编码。筛选和编码过程详见附录一。对来自 161 家经销商的 1051 名注册用户信息进行描述性统计和相关分析，得到结果如表 3-7 所示。

个体人力资本变量方面，技术认证以初级和高级为主，高级认证占比最高，达到 51.10%；其次为初级认证，占到 41.10%；学徒占比最小，仅为 7.8%。职位以技师为主，占到 56.33%；教育年限平均值为 14 年，介于高中（中专）和大专之间；工龄平均值为 6.33 年。

组织人力资本变量由个体人力资本计算平均值或占比情况得来，分布情况与个体人力资本情况一致。各企业平均工龄的平均值为 6.29 年，企业平均受教育年限的平均值为 14.07 年。各类认证占比中，高级认证平均占比为 50.76%，初级认证平均占比为 41.31%，学徒平均占比为

7.93%。各类职位占比中，各组织的技师平均占比最高为55.02%，技术专家平均占比为33.10%，管理人员平均占比最低，为11.88%。

组织特征描述中，企业规模以中小型为主，占比分别为38.25%和43.77%；企业所有制以外资和民营为主，分别占比42.15%和55.47%。平均企业开业时间为2999天，约合8年。企业平均用户数量约7名。

表3-7　变量描述性统计分析结果

变量		计数	占比	平均值
个体人力资本变量	技术认证：学徒	82名	7.80%	—
	技术认证：初级认证	432名	41.10%	—
	技术认证：高级认证	537名	51.10%	—
	职位：技师	592名	56.33%	—
	职位：技术专家	341名	32.45%	—
	职位：管理人员	118名	11.23%	—
	教育年限	—	—	14年
	工龄	—	—	6.33年
组织人力资本变量	平均工龄	—	—	6.29年
	平均受教育年限	—	—	14.07年
	各类认证占比：学徒占比	—	—	7.93%
	各类认证占比：初级认证占比	—	—	41.31%
	各类认证占比：高级认证占比	—	—	50.76%
	各类职位占比：技师	—	—	55.02%
	各类职位占比：技术专家	—	—	33.10%
	各类职位占比：管理人员	—	—	11.88%
组织特征	企业规模：小	460家	43.77%	—
	企业规模：中	402家	38.25%	—
	企业规模：大	127家	12.08%	—
	企业规模：巨大	62家	5.90%	—
	企业所有制：国有	25家	2.38%	—
	企业所有制：外资	443家	42.15%	—
	企业所有制：民营	583家	55.47%	—
	企业开业时间	—	—	2999天
	平台用户数量	—	—	7.13名

由于自变量中有类别变量，采用肯德尔相关系数和斯皮尔曼相关系数来检验各变量之间的相关性。两种检验的相关性结果相同，仅相关系数略有差异，本书采用肯德尔相关系数进行检验（见表 3-8）。

经检验可得，受教育年限与积分弱相关，相关系数仅为 0.054（$p<0.05$），与其他变量无显著相关性。职位、工龄、认证、积分值相互之间均呈显著正相关（$p<0.01$）。其中，认证与工龄相关系数最高，为 0.513。这一结果与员工的职业发展路径和能力积累路径有关。一般情况下，员工有两条职业发展路径，即技术路径和管理路径。员工由技师职位开始职业生涯，在积累了一定的技术经验后，其职业生涯得以分流，一部分员工成长为技术专家，一部分成为管理人员。员工的能力积累同样需要时间，从学徒到认证保养技师、认证系统技师、认证诊断技师，每级认证的获得都需要 1~3 年的时间来进行在岗培训、实习和考核。一般而言，工龄越高，认证越高。通过上述分析可以得出初步结论：随着员工就职年限的增长，员工的专业技能得以积累，人力资本得以发展，从而获得组织认可，其职位也得以提高。

表 3-8　相关性检验

	受教育年限	认证	职位	工龄	积分值
受教育年限	1.000				
认证	0.047	1.000			
职位	0.017	0.380**	1.000		
工龄	0.010	0.513**	0.302**	1.000	
积分值	0.054*	0.301**	0.404**	0.221**	1.000

注：* $p<0.05$，** $p<0.01$。

二　人力资本要素对知识共享行为的影响

聚类分析的结果显示，关键组员工的个体人力资本变量工龄、认证情况、职位情况均显著高于普通组员工，而受教育年限在关键组和普通组的员工之间差异不显著。同时，各组织人力资本变量和特征变量在关键组和普通组之间差异也不显著。以下采用多层线性（Hierarchical Linear Model，HLM）模型进行进一步分析，观察知识共享是否受个体人力资本变量和组织人力资本变量的影响。

（一）HLM 模型构建

HLM 模型构建有两个层次（见图 3-4），第一层为个体人力资本变量，第二层为组织人力资本变量。第一层的个体人力资本变量包括受教育年限、认证、职位和工龄。第二层的组织人力资本变量包括平均受教育年限、平均工龄、各类认证占比、各类职位占比。

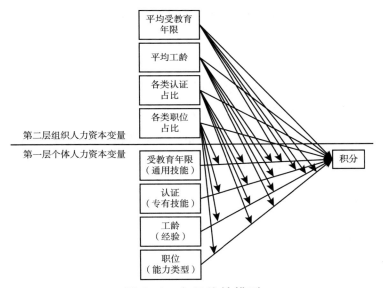

图 3-4　多层线性模型

关于认证占比和职位占比，涉及变量取舍的问题。如果将全部认证占比和职位占比都放入模型中，会出现共线性问题。上一节聚类分析的结果表明，在关键组里，员工的认证水平和职位上都显著高于普通组，组织的人力资本在组织层面表现为组织成员的知识、技能和能力，高质量的人力资本正向影响组织绩效，因而在选取认证占比和职位占比时，放弃学徒占比，选取初级认证、高级认证占比变量；在职位设置上放弃技师占比变量，选取技术专家占比和管理人员占比变量。第二层的控制变量包括组织规模、组织年限、组织所有制、该组织纳入分析的用户数量。相应的模型假设如下。

假设 1：个体人力资本要素对知识共享行为具有显著正向影响。

假设 2：组织人力资本要素对知识共享行为具有显著正向影响；组织人力资本要素影响个体人力资本要素与知识共享行为之间的关系。

（二）分析过程

1. 模型种类

采用 HLM 6.08 软件进行多层线性模型分析。在分析过程中，共构建以下三个模型。

（1）零模型。将方程分解为由个体差异造成的部分和由组织差异造成的部分，在第一层和第二层都不放预测变量，通过检验组间和组内差异，判定是否适合进行 HLM 分析。此外，需计算 ICC1（跨级相关 Intra-class Correlation Coefficient 1）（张雷等，2003），即组间差异在总差异中的占比，以检验是否存在显著的组间差异，从而决定是否需要采用 HLM 的分析技术进行分析。ICC1：$\rho = \tau_{00} / (\tau_{00} + \sigma^2)$

其中，σ^2 为组内差异值，τ_{00} 为组间差异值。ICC1 的判定标准见表 3-10，当 ICC1 值小于 0.059 时，不适合使用 HLM 技术进行分析（见表 3-9）。

表 3-9　ICC1 判定标准

相关判定	ICC1 值
低度相关	ICC1<0.059
中度相关	0.059<ICC1<0.138
高度相关	ICC1>0.138

资料来源：Cohen（1988）。

（2）随机系数回归模型。只含第一层个体变量，检验不同群组之间是否存在不同的截距和斜率。增加自变量后，组内方差减小的比例为 f^2（又称为 Effect Sizes，ES），$f^2 =$（原组内方差−加入自变量后的组内方差）／原组内方差，f^2 越大说明模型改善的情况越佳（见表 3-10）。

表 3-10　模型改善情况判定

ES 值(f^2)	模型改善情况
0.02~0.15	微弱改善（Weak）
0.15~0.35	中等改善（Moderate）
>0.35	强改善（Strong）

资料来源：Cohen（1988）。

（3）全模型。模型包含第一层和第二层的所有变量，观察因变量的总体变异是如何被个体变量和组织变量影响的。某些因素既会受到第一层变量的影响，也会受到第二层变量的影响。

2. 报告值

对于每个模型，按照固定效应和随机效应两类值进行报告。其中，固定效应值指的是估计参数具有跨群组的不变性，例如截距及跨第二层的斜率，以 t 值进行检验。随机效应指的是估计参数会随着群组不同而不同。例如，第一层和第二层的残差项，以方差成分分析报告中的卡方检验来检验随机效果。

（三）分析结论

1. 零模型

采用零模型检验积分在不同的个体之间以及在不同的组织之间是否具有显著差异，如果在不同的组织之间差异显著，则应考虑对组织人力资本变量的影响进行 HLM 分析。零模型公式如下（变量符号设计见附录一）。

第一层：

$$POINT = \beta_0 + \gamma \qquad (3-1)$$

第二层：

$$\beta_0 = \gamma_{00} + \mu_0 \qquad (3-2)$$

零模型结果显示，积分在不同的组织之间存在显著差异。$\sigma^2 =$ 0.590，组间差异 $\tau_{00} = 0.070$，达到显著性标准（$\chi^2 = 283.939$，$df = 160$，$p<0.001$）。计算得到 ICC1 的值为 0.107，意味积分差异 10.7% 是由组织间的差异造成的，根据表 3-9 中 Cohen（1988）的标准属于中度相关，可以进行多层次回归模型分析。

2. 随机系数回归模型

构建随机系数回归模型，进行第一层回归效应分析。检验完组间和组内差异后，放入第一层变量，继续检验每个自变量对因变量的回归系数以及每个自变量的斜率在不同组织之间是否存在差异。用积分作为因变量，自变量是受教育年限、工龄、认证情况以及职位情况（见表 3-11、表 3-12）。

第一层：

$$POINT = \beta_0 + \beta_1 \times (EDUYEAR) + \beta_2 \times (SCERTI)$$
$$+ \beta_3 \times (WORKAGE) + \beta_4 \times (POSITION) + r \qquad (3-3)$$

第二层：

$$\beta_0 = \gamma_{00} + \mu_0 \qquad (3-4)$$

$$\beta_1 = \gamma_{10} + \mu_1 \qquad (3-5)$$

$$\beta_2 = \gamma_{20} + \mu_2 \qquad (3-6)$$

$$\beta_3 = \gamma_{30} + \mu_3 \qquad (3-7)$$

$$\beta_4 = \gamma_{40} + \mu_4 \qquad (3-8)$$

模型结论如下。

（1）固定效应。对积分这个因变量来说，工龄、职位和认证均为正向预期因子（见表3-11）。职位是一个显著的正向预期因子，回归系数 β_4 是0.491；认证为次要显著的正向预期因子，回归系数 β_2 是0.248；工龄对积分的影响较为次要，回归系数 β_3 是0.030；受教育年限对积分的影响不显著。

表 3-11　第一层变量的固定效应检验结果

		回归系数	标准误	t 检验	p
（因变量）积分					
截距	β_0	2.013	0.032	63.383	0.000
受教育年限（EDUYEAR）	β_1	0.008	0.014	0.591	0.555
认证（SCERTI）	β_2	0.248	0.041	6.000	0.000
工龄（WORKAGE）	β_3	0.030	0.008	3.554	0.001
职位（POSITION）	β_4	0.491	0.035	14.057	0.000

表 3-12　第一层变量的随机效应检验结果

		标准差	方差	卡方 $\chi^2(df=101)$	p
（因变量）积分					
截距	μ_0	0.338	0.114	349.258	0.000
受教育年限 EDUYEAR	μ_1	0.025	0.001	91.037	>0.500
认证 SCERTI	μ_2	0.130	0.017	110.948	0.234
工龄 WORKAGE	μ_3	0.042	0.002	138.786	0.008
职位 POSITION	μ_4	0.232	0.054	100.900	>0.500

（2）随机效应。卡方检验结果显示工龄的回归系数的方差成分达到显著水平（$p<0.01$），提示工龄的回归系数在不同组织之间有明显的差异。由固定效应值（见表3-11）可见，工龄对积分的回归结果为0.030，也就是说在保持其他变量恒定的情况下，工龄每增加1个单位，积分就平均增加0.03个单位，但具体到每个组织来说增加

的数量则可能有大小和变化方向上的差异。由表 3-12 可见，工龄的随机效应显著（$\chi^2 = 138.786$，$p = 0.008$），说明工龄对积分的影响在不同组织之间存在差异。受教育年限、认证和职位对积分的影响在不同组织之间的差异不明显（χ^2 分别为 91.037、110.948、100.900，$p > 0.05$），这一结果显示受教育年限、认证和职位在不同组织内对积分的影响高度相似或相同，说明它们不依赖于组织环境。该结果也表明在进一步构建模型时，可不再考虑受教育年限、认证和职位对积分值的影响在不同组织之间的差异。

由于职位和认证是定类变量，如果要比较不同的职位和认证对于积分的影响，可以构建虚拟变量进行检验。检验的结果显示：职位越高，积分越高；认证越高，积分越高。

通过计算 f^2，可以得出组内差异 σ^2 为 0.327，$f^2 = （0.590 - 0.327）/0.590 = 44.58\%$，意味着加入第一层变量后，组内方差降低 44.58%，按照 Cohen（1988）提出的标准，这属于强改善，说明第一层变量的加入强有力地改善了模型的解释力。

3. 全模型分析

将第一层和第二层的变量全部放入模型，检验个体变量和组织变量对因变量的影响效应，同时对于存在组织间显著性差异的变量工龄检验其在层级间的互动效应。根据第一层模型的检验结果，受教育年限、职位、认证的随机效应都没有通过显著性检验，无须在模型中添加随机变量。模型构建如下。

第一层：

$$
\begin{aligned}
\text{POINT} = \beta_0 &+ \beta_1 \cdot (\text{EDUYEAR}) + \beta_2 \cdot (\text{SCERTI}) \\
&+ \beta_3 \cdot (\text{WORKAGE}) + \beta_4 \cdot (\text{POSITION}) + \gamma
\end{aligned} \quad (3-9)
$$

第二层：

$$\begin{aligned}
\beta_0 = {} & \gamma_{00} + \gamma_{01} \cdot (\text{EDUAVE}) + \gamma_{02} \cdot (\text{DWORKAGE}) + \gamma_{03} \cdot (\text{DCERTI2}) \\
& + \gamma_{04} \cdot (\text{DCERTI3}) + \gamma_{05} \cdot (\text{DPOSI2}) + \gamma_{06} \cdot (\text{DPOSI3}) \\
& + \gamma_{07} \cdot (\text{DSIZE}) + \gamma_{08} \cdot (\text{DNATURE}) + \gamma_{09} \cdot (\text{DAGE}) \\
& + \gamma_{010} \cdot (\text{USERQ}) + \mu_0
\end{aligned}$$

$$(3-10)$$

$$\beta_1 = \gamma_{10} \tag{3-11}$$

$$\beta_2 = \gamma_{20} \tag{3-12}$$

$$\begin{aligned}
\beta_3 = {} & \gamma_{30} + \gamma_{31} \cdot (\text{EDUAVE}) + \gamma_{32} \cdot (\text{DWORKAGE}) + \gamma_{33} \cdot (\text{DCERTI2}) \\
& + \gamma_{34} \cdot (\text{DCERTI3}) + \gamma_{35} \cdot (\text{DPOSI2}) + \gamma_{36} \cdot (\text{DPOSI3}) \\
& + \gamma_{37} \cdot (\text{DSIZE}) + \gamma_{38} \cdot (\text{DNATURE}) + \gamma_{39} \cdot (\text{DAGE}) \\
& + \gamma_{310} \cdot (\text{USERQ}) + \mu_3
\end{aligned}$$

$$(3-13)$$

$$\beta_4 = \gamma_{40} \tag{3-14}$$

全模型分析结果如表 3-13 所示。解释两层模型分析结果的方法是：当第二层变量的系数符号与相应第一层的系数符号相同时，第二层的变量就加强了第一层系数所表示的关联强度；当两者的符号相反时，第二层的变量就减弱第一层系数所示的关联强度，或以与第一层系数所示方向相反的方向对第一层的关联强度施加影响（张雷等，2003）。根据上述解释方法，结合表 3-13，全模型分析结论如下。

个体人力资本变量中认证（系数为 0.244，$p<0.01$）、职位（系数为 0.491，$p<0.01$）、工龄（系数为 0.031，$p<0.01$）均显著正向影响积分。

组织人力资本变量中，管理人员占比（系数为 0.861，$p<0.05$）、初级认证占比（系数为 0.698，$p<0.01$）、高级认证占比（系数为 0.635，$p<0.05$）显著正向影响积分。

组织人力资本变量中，企业规模对积分存在显著的负向影响（系数为 -0.080，$p<0.05$），企业规模越大，积分越低。企业平台用

户数与积分之间有显著性正向影响的关系（系数为 0.048，$p<0.01$），显示用户数量越多，积分越高，对其他组织变量无影响。

各组织变量对工龄与积分之间关系的影响均不显著，说明组织人力资本无跨层级影响。

表 3-13　全模型分析结果

固定效应

参　数		系数	标准误	t 检验	p 值
层-1	截距　　　　β_0	2.007	0.029	68.101	0.000
	受教育年限　$\beta_1(\gamma_{10})$	0.009	0.014	0.632	0.527
	认证　　　　$\beta_2(\gamma_{20})$	0.244	0.042	5.875	0.000
	工龄　　　　$\beta_3(\gamma_{30})$	0.031	0.009	3.221	0.002
	职位　　　　$\beta_4(\gamma_{40})$	0.491	0.037	13.375	0.000
层-2 截距	平均受教育年限　γ_{01}	0.055	0.042	1.287	0.200
	平均工龄　γ_{02}	-0.001	0.018	-0.076	0.940
	初级认证占比　γ_{03}	0.698	0.257	2.712	0.008
	高级认证占比　γ_{04}	0.635	0.241	2.637	0.010
	技术专家占比　γ_{05}	0.273	0.177	1.546	0.124
	管理人员占比　γ_{06}	0.861	0.432	1.992	0.048
	企业规模　γ_{07}	-0.080	0.038	-2.097	0.037
	企业所有制　γ_{08}	-0.010	0.057	-0.182	0.856
	企业开业年限　γ_{09}	0.000	0.000	0.644	0.520
	企业平台用户数　γ_{010}	0.048	0.016	2.995	0.004
层-2 各组织变量对工龄与积分之间关系的影响	平均受教育年限　γ_{31}	0.010	0.014	0.704	0.483
	平均工龄　γ_{32}	0.001	0.005	0.227	0.821
	初级认证占比　γ_{33}	-0.001	0.045	-0.029	0.977
	高级认证占比　γ_{34}	-0.011	0.054	-0.211	0.833
	技术专家占比　γ_{35}	-0.039	0.037	-1.045	0.298
	管理人员占比　γ_{36}	-0.134	0.119	-1.121	0.265
	企业规模　γ_{37}	0.001	0.008	0.133	0.895
	企业所有制　γ_{38}	-0.008	0.014	-0.589	0.557
	企业开业年限　γ_{39}	0.000	0.000	-0.191	0.849
	企业平台用户数　γ_{310}	-0.007	0.004	-1.724	0.086

随机效应

	标准差	方差成分	卡方值 χ^2	显著性 p 值
截距 U_0	39.584	1566.861	574.192	0.000
职位斜率 U_4	40.632	1650.942	316.151	0.000
水平随机项	62.351	3887.683		

综上所述，对假设检验结论总结如表 3-14 所示。

表 3-14　假设验证总结——人力资本对知识共享的影响

研究假设	研究结论
假设 1：个体人力资本要素对知识共享行为具有显著正向影响	部分接受原假设 ①个体受教育年限对知识共享行为无显著影响 ②个体专有技能水平（认证）对知识共享行为有显著正向影响 ③个体工作经验（工龄）对知识共享行为有显著正向影响 ④个体能力类型（工作职位）对知识共享行为有显著正向影响
假设 2：组织人力资本要素对知识共享行为具有显著正向影响；组织人力资本变量影响个体人力资本要素与知识共享行为的关系	部分接受原假设 ①组织整体的专有技能水平（初级认证和高级认证占比）显著正向影响知识共享行为 ②组织的管理人员占比显著正向影响知识共享行为 ③组织的平均受教育年限、组织的整体工作经验（平均工龄）对知识共享行为无显著性影响 ④组织人力资本变量无跨层级影响

第四节　关键贡献者找到了！

本章通过多种数据分析方法，回答了以下三个问题。

问题 1：在企业教育虚拟社区中是否存在关键贡献者？

问题 2：如果存在关键贡献者，他们是一群什么样的人？他们的人力资本要素是否存在显著性差异？

问题 3：换个角度，数据是否能够证明关键贡献者的人力资本要素水平影响知识共享水平？

一　企业教育虚拟社区中存在关键贡献者

教育虚拟社区存在关键贡献者，他们对于知识量的贡献、对他人给予的反馈和发表评论量均显著高于他人。

前人对社会开往性虚拟社区的研究发现，平台中不同用户间的知识贡献是高度是不均衡的，符合 90∶9∶1 原则，即 1% 的核心用户贡献 90% 的内容，9% 的用户贡献 10% 的内容，其他用户都在潜水（Nielsen，2006；Carron-Arthur et al.，2014；Mierlo，2014）。本书的发现更符合二八原则，即 20% 的关键用户贡献了约 80% 的知识，这体现了组织内部虚拟社区的特点。社会开放性互联网合作的基础是个人松散、自愿的参与（Edelmann et al.，2012），"许多网站无法留住参与者，在线社区变成了鬼城"（Preece et al.，2009），有些用户注册网站可能仅仅是为了完成一次性的任务，例如发布一个问题或者查阅一个答案，之后便成为潜水者。企业教育虚拟社区的参与方式与之不同，其用户往往经过筛选，用户特征具有组织约束性，用户参与行为更容易受到在组织内部获得声望和荣誉期望的影响。

无论知识贡献量的分割点在 90% 还是 80%，前人的研究和本书都证实了关键贡献者的存在。这些发现为企业的知识共享特征研究奠定了理论和实证基础，具有重要的实践启示。首先，核心员工是企业竞争力中一个重要课题（Lopez-Cabrales et al.，2006），对于这些关键贡献者的招募和保留对于虚拟社区的长期成功至关重要（Mierlo，2014）。基于 90∶9∶1 原则，Nielsen（2006）建议互联网社区采用干预措施来促进超级用户的知识贡献。例如，增强网站的易用性和趣味性以促进用户参与，要特别重视高质量的贡献者和那些在虚拟社区的声望排名榜上领先的人的贡献，他们已经通过排名榜证明了自己的价值。其次，尽可能减少潜水者，这些潜水者也称为"搭便车者"。如果大多数参与者是所谓的潜水者，缺乏参与和贡献，虚拟社区就会遇到严重的问题（Edelmann et al.，2012）。关于潜水者的观点差异较大。有学者认为，潜水者也可能是一个有价值的参与者（Takahashi et al.，2003），潜水可以帮助新用户对虚拟社区进行观察，了解如何参与（Edelmann et al.，2012）。但是大部分学者仍然认为大量的潜水者会造成"搭便车"行为。在经济学文献中，知识被视为一种公共物品，一旦形成显性知识，它就属于组织中的所有人。组织中的所有人都可以从组织的知识中受益，但没有人有动力为知识的创造做出贡献，就像在其他公共物品场景中一样，最终导致公地悲剧。"搭便车"可能导致共享知识的个人越来越少，使得知识管理系统因缺乏足够的知识共享而崩溃（Susarla et al.，2004）。

二　个体人力资本的优势是关键贡献者的核心特征

关键贡献者与他人的差异体现在个体人力资本方面。具体而言，关键贡献者的人力资本特征为：工龄较高，职位为技术专家，认证情况为高级认证。简言之，关键贡献者是经过多年的工作积累，拥有技术经验的专家。研究表明，企业对核心员工的投资是发展企业特定技能所必需的（Masters et al.，2002）。Prahalad 等（1990）认为核心员工与组织能力的关系比其他员工更紧密。基于核心员工的人力资本与企业的竞争优势和生产率显著相关（Chowdhury et al.，2014）。关键贡献者是组织内部的"技术大拿"，兼具技术专家和管理人员的身份，拥有自我效能感和管理责任感，他们的自我效能感高，认为自己有能力分享知识，知识贡献的数量多；此外，在为他人提供反馈以及认可方面，他们的贡献也显著高于其他员工，意味着能够积极地影响和带动其他员工，愿意帮助他人共同进步，从而营造出学习型企业文化氛围。这充分体现了人力资本的外部性效应。人力资本的外部性是通过团体中的互动、相互学习产生的，具有不同种类人力资本优势的成员通过分享知识和技能互相学习、互相带动，在互助中共同提高。人力资本越高的团体带来的外部性越强（岳昌君和吴淑姣，2005）。

这一发现对企业实践的启示作用在于，在企业教育虚拟社区的平台用户管理中，企业需要按照知识贡献情况（例如积分）进行分层管理，识别并刻画关键知识贡献者。同时，在教育虚拟社区的激励策略安排上，对于关键贡献者予以重点激励，以提升知识共享的数量和质量。

三 关键组的组织人力资本与普通组的组织人力资本无差异

关键贡献者与他人的差异体现在其个体人力资本方面，与组织的所有制特征、规模特征、年限特征以及组织人力资本等变量无关，企业间的组织人力资本存在同质性。这与知识网中存在强势主导地位的知识节点相关。虚拟社区的每一个参与组织都是一个知识节点，这些节点纵横交错形成有机知识网（徐锐和黄丽霞，2010）。本书中，厂商作为知识网上的强势节点，几乎控制了原始知识的输入、人力资本的培养标准和经销商的组织结构，从而导致知识网上每个经销商组织的人力资本高度同质化。此外，这也说明经销商在售后技术人员人力资本培养方面高度依赖厂商的培训和指导，仅满足于达到厂商标准，除厂商给予的培训外，经销商并未进行额外的人力资本投资以创造自身知识链优势。这一发现的现实启示是，在基于互联网构建的虚拟社区中，以往独立的知识节点链接起来形成了知识网，此时企业应警惕"搭便车"的懒惰行为。如果知识网中有一个强势知识输出方存在，则其他的知识节点有可能出现"搭便车"行为而忽视了自身组织人力资本竞争力的培养。

尽管组织间的知识存在同质化情况，但个体间的人力资本依然存在显著差异，知识的势差仍然存在，知识在知识网的不同节点中共享和流动，形成新的知识，达到知识增值。技术问答平台建设的目标即促进知识网中各个节点间的知识共享，知识从高势位的知识节点向低势位的知识节点流动，从而形成知识的螺旋形转换，促进隐性知识的外显和新知识的生成。在此过程中，需要提高知识链上不同个体和组织共享隐性知识的意向，建立并完善激励机制（周茜等，2020），为知识共享行为的发生创造条件。

四　个体和组织人力资本的数量和质量对知识共享行为具有促进作用

AQA平台数据的多层线性模型分析显示，个体的工龄、认证情况、职位情况以及组织中的管理者占比、技术认证持有者占比均对知识共享行为具有显著的正向影响，工龄越长、认证越高、职位越高、用户中的管理者占比越高、技术认证持有者占比越高则知识输出量越大。本书的发现呼应了前人对于人力资本正向促进知识共享的相关研究（Vries et al.，2014；Sunardi，2017；潘天遥，2016；王莉红等，2010）。在当今许多组织和行业中，人力资本构成了竞争优势的核心驱动力，尤其是高质量和组织特定的人力资本（Jiang et al.，2012）。拥有更多人力资本的员工更有能力通过多种方式增加客户利益并降低生产和服务成本，从而潜在地提高组织绩效。例如，人力资本可以通过创新流程来降低生产交付成本，从而消除成本高昂的步骤，减少投入，提高利用率等。同样，更优质的人力资本还能带来更好的规划，能更好地排除故障并解决问题等。所有这些都极有可能提高生产效率和服务交付效率，从而降低组织成本（Youndt et al.，2004）。

这一结论对实践的启示包括以下两个方面。首先，在企业教育虚拟社区的用户结构方面，尽可能增加高技能者和管理者占比。高技能者和管理者掌握着大量的隐性知识、组织的管理资源，他们的积极参与可以促进员工的知识共享行为以及促进企业共享文化的形成。当然，培训社区中也要保持成员的人力资本多样性，从而保持适当的知识势差，促进知识共享。其次，提高管理层对企业内部虚拟培训社区的重视度。领导重视是影响企业在线教育发展的关键因素（吴峰等，2011），领导者对于知识共享活动的认同以及参与直接推动知识共享的进行（单汩源等，2009）。企业教育虚拟社区的建设和发展需要管理层持之以恒的关注和支持。人力资本的培养需要时间投入和资金的投入，而人力资本的收益又是滞后的，知识和技能转化为直接的生产力通常需要较长的时间和过程，这个过程考验着管理者的耐心和信心。企业教育虚拟社区这种新兴的培训形式，在平台建设初期需要较高的系统建设费用，平台运营期间需要全体员工自主地积极参与。在此情况下，尤其需要管理者对人力资本投资的坚定支持，以及对参与行为的带动作用。

五 专有性人力资本对企业内部知识共享行为有明显提升作用

AQA 平台的积分聚类分析显示，关键组和普通组的受教育年限无显著差异。人力资本变量的相关性分析也显示，员工的受教育年限与认证、工龄、职位均无显著相关性。多层线性模型分析的结果也与上述发现一致，无论是个体的受教育年限还是组织的平均受教育年限对知识共享的结果均无显著影响。

人力资本理论家通常认为，组织可以通过开发内部现有员工的知识和技能或从外部劳动力市场吸引具有高知识和技能水平的个人来增加人力资本。也就是说，组织可以尝试制造或购买人力资本（Youndt et al.，2004）。组织对于人力资本投资方式的选择与人力资本的类型相关。知识分为专有性知识和通用性知识两种（杨钋，2020），专有性知识仅对本企业有效用。同样，培训也分为一般性培训和特殊性培训两种，特殊性培训只对同种产品、工种或者地域的特定企业有效，对其他企业无效（贝克尔，2007）。特殊性培训培养的专有知识，构成企业专有性人力资本，专有性人力资本是不可替代的或独特的（林筠和乔建麒，2016）。本书涉及的企业维修知识和维修能力就是企业专有性人力资本，这种人力资本难以通过正规的学校教育获得。由于汽车制造工艺在品牌间存在差异，汽车产品知识和维修知识也因汽车品牌不同而不同，属于品牌内部的专有性知识。由于汽车行业产品更新升级快，技术日新月异，智能汽车、电动汽车等新概念、新生态层出不穷，企业的专有性人力资本也在不断更新，以适应技术和产品的发展。因此，不论员工在入职前具备如何高深的学校教育，即使曾参与校企联合培养，学校教育仍然不能满足企业一线维修技术快速更新的要求，员工的企业专有性人力资本必须依靠企业内部持续的在职培训来形成，这对于企业的招聘和培训具有启示意义。对于专有性知识而言，企业教育投资是必要的，专有性人力资本无法依靠正规的学校教育培养或者在市场上购买。员工在加入企业前通过学校教育所获得的知识、经验并不足以促使其为组织贡献专有性知识。而经过企业对专有性知识的在职培训，员工的技能得到培养，工作经验得到积累，能够促进其对自己习得的专有性知识进行共享，促进隐性知识向显性知识的转化。

第四章　激励关键贡献者：为什么要贡献知识？

第一节　知识共享影响因子的发现

　　第三章通过对关键贡献者的研究发现，在虚拟社区中存在一个关键贡献群体，其个体人力资本水平显著高于其他员工，对于知识的贡献以及所有平台参与活动的贡献均高于其他员工。同时，本书发现个体人力资本和组织人力资本水平高的员工其知识共享输出量高。上述分析仅在人力资本水平与知识输出量这两种状态之间构建了一种相关性，但是没有回答这一关系的驱动因素问题。为什么高技能者、高职位者、高经验者输出的知识量高？他们的行为到底是个体的心理驱动还是组织的政策驱动抑或是他人影响的驱动？本章试图发掘这些驱动因素，从而揭开从人力资本水平到知识共享之间的机制黑箱。

　　本章基于 UTAUT 理论，逐步构建出关键贡献者贡献知识的动机模型。分析分为两部分，首先，以 UTAUT 模型为基础构建访谈问卷以及分析框架，通过访谈验证 UTAUT 影响因素，并发掘新的影响因素。其次，通过调查问卷分析对影响因素进行聚合。

　　访谈在分析中，首先依据分层抽样原则和随机抽样的原则，选取平台用户中的高积分者、中积分者以及潜水者三类人员进行访谈。其次结合从 AQA 平台导出的数据，对访谈获得的材料进行补充和验证。

定性访谈的目标是对知识共享影响机制的理论模型和问卷量表进行调整。

在选择访谈对象时，先将参与汽车知识平台的用户按积分分层，分为高、中、低三层，分别代表知识共享平台中的"关键贡献者"、"中度贡献者"和"潜水者"，然后再从每一层内进行随机抽样。分层抽样可以提高总体指标估计值的精确度。上一章已经论证在虚拟社区中存在关键贡献者，对其进行重点研究颇具意义。因而在样本的安排中，对于关键贡献者予以侧重。截至 2020 年 1 月，平台共有用户4881 名，其中有 1872 名积分值为 0 的用户，占比 38.4%，随机抽取了 2 名积分值为 0 的用户；剔除掉这部分积分值为 0 的 1872 名用户，将剩余 3009 名用户按照积分值降序排列，中位数为第 1504 名，选取第1495~1514 名一共 20 名用户，剔除地区标注不明的 4 人，从剩下的 16 名用户中随机抽取 5 名作为访谈对象；选取积分排名在前 10 的成员作为关键贡献者进行访谈调查。质性访谈样本概况如表 4-1 所示，以 A 代表关键贡献者（10 名），B 代表中度贡献者（5 名），C代表潜水者（2 名），访谈人数共计 17 名。

在访谈过程中，笔者向受访的用户表明，访谈的目的是研究知识共享行为的影响因素，听取他们对促进知识共享的建议。受访者被要求认真回忆参与知识共享的经历，并提出影响他们共享或促进共享的有特征性的因素或具体的事例及细节。在进行访谈问题交流时，研究者鼓励受访人克服环境影响，表达真实的想法。同时，不进行主观臆断，不对受访对象进行不适当的诱导。在采访中如受访对象回复停顿，也会适当给予其思索时间，方便受访对象整理思路。访谈采取了半结构化的方式，设计了访谈大纲（见附录三）。

质性材料的整理运用了 NVIVO 12 Plus 进行编码。首先，本书对访谈记录进行初级编码，构建访谈分类方案。其次，对知识共享行为影响因素进行划分，以与模型相对应。再次，重读访谈录音稿，在受访者的回答中寻找和理论及模型相关之处，分析调整模型以适应实际情况。最后，将回答分类列入相应的知识共享行为影响因素下。

表 4-1 质性访谈样本概况

序号	代号	职位	工龄（年）	角色	认证情况
1	A01	技术主管	11	关键贡献者	认证诊断技师
2	A02	技术主管	6	关键贡献者	认证系统技师
3	A03	诊断技师	7	关键贡献者	认证诊断技师
4	A04	技术主管	9	关键贡献者	认证系统技师
5	A05	技术主管	13	关键贡献者	认证诊断技师
6	A06	诊断技师	20	关键贡献者	认证诊断技师
7	A07	技术主管	8	关键贡献者	认证诊断技师
8	A08	技术主管	17	关键贡献者	认证诊断技师
9	A09	技术主管	9	关键贡献者	认证诊断技师
10	A10	技术主管	9	关键贡献者	认证系统技师
11	B01	内训师	5	中度贡献者	认证诊断技师
12	B02	技师	3	中度贡献者	认证保养技师
13	B03	技师	17	中度贡献者	认证保养技师
14	B04	内训师	6	中度贡献者	认证系统技师
15	B05	技师	4	中度贡献者	认证保养技师
16	C01	机电工	3	潜水者	认证保养技师
17	C02	机电工	2	潜水者	无

由于质性访谈样本的有限性，其结论的可推广性尚存疑问，还需通过量化分析对上述影响因素进一步聚焦。调查问卷的设计以UTAUT 理论模型为基础，并通过互联网问卷平台"问卷星"发放，问卷样本分布考虑了区域均衡性和用户的人力资本优势以及对知识共享的贡献度。所谓区域，指的是该汽车厂家的管理分区，全国共分为北区、东区、南区、西区四个区。首先，删除所有潜水者，即积分值为 0 的用户，仅聚焦知识贡献者；其次，由各区域负责人手工筛选，筛选出日常工作中配合度高、在 AQA 平台中参与较积极、技术认证水平较高的用户，即关键贡献者和人力资本优势者。每个

区发放 150 份问卷，共发出 600 份问卷，问卷由区域办公室发出调查问卷通知函。问卷收回后，进行二次筛选。首先，删除回答时间低于 120 秒的数据。本次答卷包含几道个人信息题，多道选择题以及 1 道开放性简答题，120 秒内完成问卷的质量和回答问题的认真程度低，因此予以删除。其次，逐一排查全部回答皆为同一选项、有缺失值、填写明显错误等分析价值较低的答复，保留有效问卷 326 份。最后，对 326 份有效问卷进行探索性因素分析，从而发掘出知识共享行为的三个影响因素：促成因素、预期收益和内在动机（影响因素分析过程见附录四）。

一　促成因素

促成因素是指用户感受到外部对使用平台的支持程度，包括自我效能、教师反馈、多种终端、技术支持和工作兼容性五个二级因素（见表 4-2）。UTAUT 模型中，促成因素直接影响知识共享行为。通过访谈发现，促成因素对知识共享意向也产生影响。

表 4-2　促成因素及其二级因素的定义

促成因素		外界环境中的客观因素,这些因素可以促进行为很容易完成
二级因素	自我效能	人们对自己所拥有的处置事物技能的一种能力感知
	教师反馈	获得来自教师、专家的关注、点评、认可
	多种终端	可以在计算机、手机等多个终端平台上使用该系统
	技术支持	使用该系统时可以获得技术方面的支持
	工作兼容性	线上线下的管理制度、工作内容、工作习惯的兼容性

1. 自我效能

自我效能是个体对自身是否有能力组织和执行特定行为的认知与评价，是个人能动性的基础，能够影响人的思维、行动和情绪。自我效能感在很大程度上决定着主体从认知到行为的方向，是支撑个人进行知识共享的重要动因。自我效能感高的员工对自己的能力更自信，认为自己有能力使用虚拟社区平台并高效灵活地分享知识，同时相信自己提供的知识的价值，更愿意参与和分享自己拥有的知识；而自我效能感低的人恰恰相反。自我效能在此体现为具备分享知识的能力和条件，集中在是否具备优秀的技能知识储备。

前文关于关键贡献者分析以及人力资本回归分析都证实，技术水平、职位水平越高的人对知识的贡献越大，访谈的结果也证实能力高者相信自己有能力对别人做出指导，因而更愿意分享，而刚刚入门的学徒由于还在学习阶段，没有能力也没有意愿在平台上分享，担心分享的知识不正确会对他人的学习和自身的发展造成不良影响。

我个人还是有能力去做这个分享的。有员工不想分享，我个人觉得可能是能力问题，担心万一回答不正确可能会丢面子。

发表上去不一定对，没有信心去分享。

我分享的比较少，自己（的经验）没有完全总结出来。

访谈的结论证实有利的教师反馈、多种终端和技术支持可以促进知识共享意向。

2. 教师反馈

质性访谈的结果证实，来自厂商技术专家和其他用户的反馈为员工带来被关注感，正向反馈带来的情绪愉悦和被认可感，能提升员工的共享意向。

看到厂家老师也（对我的回答）进行了点评，我挺开心的，更喜欢分享了。

有一天大概凌晨四点钟的时候我爬起来看手机，看到我们的管理员在三点多的时候给我的几个回答奖励了1分或800分，这对我来说触动很大。为什么凌晨三四点还有人做这件事，应该是有老师在加班做这件事，所以就觉得应该是有项目组在关注这件事，我就更想把这件事做好。

3. 多种终端

手机、电脑多种终端可以登录，使员工随时随地使用该系统，尤其对于汽车维修行业而言，很多一线维修技师都未配备电脑，手机版软件提高了平台的使用便利性和使用频次，提升了员工共享意向，有些员工甚至在睡前刷手机的时候也要登录系统看一下有没有新问题可以回答，关注一下自己的回答有没有人点评。

　　　平台提供了手机版和网页版两个版本，白天上班没时间看，手机版可以随时随地查看，有时候晚上睡觉前也可以用手机刷一刷。

4. 技术支持

访谈证实，员工在使用系统遇到困难时，可以得到平台方技术支持也会促进员工的共享行为。

　　　我使用平台的时候如果遇到技术问题，可以请教身边的同事或者厂家的老师，有时候我看见厂家老师凌晨还在回复我们的使用问题。

5. 工作兼容性

线上线下的工作兼容性对知识共享意向有促进作用。有些员工担任内部培训工作，分享案例和解答技术疑难问题是其工作内容的一部分，有些公司平时就有要求员工分享经验的制度，对这些员工而言，在教育虚拟平台上分享知识不需要花费太多额外的时间和精力，可以轻易地将线下的工作内容迁移到线上，因而知识共享意向更高。

　　案例整理本来就是我们日常在做的事，集团平时就会要求我们把优秀案例整理出来提报给集团，所以在平台上分享案例，也很习惯。

　　一开始用这个平台其实是跟工作相关的，因为工作就是做内训，所以需要一个案例分享的过程。

二　预期收益

预期收益是指用户对于分享知识所获得收益以及付出成本的权衡，包括绩效期望、利他和付出期望三个二级因子（见表4-3）。社会交换理论假定个人参与社会互动是基于期望在一定程度上获得社会奖赏，包括心理奖赏和利益奖赏。对于利益的分析又可以从收入成本的角度理解为收益和投入的平衡。二级因子中的"绩效期望"和"付出期望"恰恰体现了收益和投入的权衡。

表4-3　预期收益及其二级因子的定义

预期收益		预期收益是用户对于分享知识所获得收益以及付出成本的权衡
二级因子	绩效期望	用户相信使用某一特定平台能提高其工作绩效的程度。例如，提升工作的质量、提高工作效率、缩短工作时间
	利他	用户相信帮助他人的同时也可获得相应收益；或相信自己的行为能够为他人带来福祉
	付出期望	认为使用虚拟社区共享知识不费力的程度

1. 绩效期望

绩效期望是指用户相信与他人共享知识将帮助其获得工作绩效的程度。绩效期望是UTAUT理论中的一个重要影响因素，对行为意向具有正向影响。虽然在访谈中，受访者普遍认为在工作中使用AQA

平台可以提高工作效率，但是这并不意味着绩效期望可以促进知识共享行为。受访者认为在平台上寻求知识可以提高绩效，而未提及与他人共享知识可以提高自己的绩效。可见，绩效期望因素主要促进的是知识寻求行为，而非知识共享行为。有一位关键贡献者提到在平台上共享知识是为了提升他人的绩效而非提升自己的绩效。还有一位受访者提出与之截然相反的观点，认为利用知识共享平台查询答案可能会产生学习的惰性，长此以往可能会导致绩效下降。因此，本书在探索性因子分析中保留了绩效期望题项，以在结构方程分析中进一步验证绩效期望与知识共享意向的相关性。

（1）在平台上学习提升个人绩效。

第一点是可以找到自己想要的答案；第二点是通过其他人分享的案例可以学习到知识；第三点是可以通过这个系统为其他人做出贡献；第四点是自己做这些记录，以后都可以在笔记中查到。

使用这个平台可以丰富自己的知识，可以帮助（自己）在实际生产中提高效率，这是最核心、最重要的目的。

（通过在平台上学习）我们有些（维修）问题可以提前学习，可以获取一些比较好的思路，帮助我们后期更快更准确地判断、解决相关问题。

回复的答案准确率高，对业务有帮助，有助于高效解决"疑难杂症"。

平台的分享模块里有很多比较实用的案例，实实在在帮助我们解决了一些问题。可以说在分享这个模块里面好多师傅分享的案例都是非常实用的，总结的比较好。

我比较喜欢看平台上大家的一些案例分享。光靠一个单店去总结案例是非常少的，我们也有很多培训（由我来授课），我喜欢借鉴平台其他店的一些比较经典的案例来给大家做培训。从中我也获得了不少的收获，这帮助我们解决了一些棘手的问题。

车型越来越多，产品线越来越长，每个车型的技术点有所不同，需要自己熟悉更多车型，一个人的技术力量很难满足所有的需求。工作过程中自己的知识要不断更新，技术工人如果不更新，对知识点很快就会陌生。花一点时间在平台上可以帮助自己快速解决问题。

对于当前发生频率较高的一些故障和现象，可以在 AQA 平台上学习别人的维修经验，提前做好（维修）准备，当有客户遇到同类故障，我们会第一时间把这个问题解决掉，或者是后期跟技术部沟通的时候也会更快一点。

我在平时做内训资料时，会打开这个平台，找到一些大家共同遇到的问题。在车间进行实操培训的时候，我就会把这些故障点融入我们平时的培训中去。还有一些理论知识，我在他们分享时就把文件保存下来，作为我下一步内训的部分资料。我的动机一是让自己成长得更快一些；二是希望我们团队在以后厂家技能比赛中能有突破。

平常在这个平台上查到的东西比较实用，用处挺大。

（2）分享知识提升他人绩效。

回答问题的目的不是提高自己的绩效，而是营造一个氛围，带动身边的人都参与，帮助身边的人解决问题。

（3）使用技术平台可能会导致学习能力下降。

（在平台上查阅答案可以帮助我们）非常快速地解决问题。但也有缺点，会养成依赖性，有问题就去查，短期来看可以很快地解决问题，长期（看）大家会不会对技术的研究力度下降了？

2. 利他

利他的定义较为多元，以往的研究将利他行为区分为亲缘利他行为、互惠利他行为及纯粹利他行为（陈丽蓉，2018）。根据访谈结果，本书中的利他杂糅了互惠利他和纯粹利他。互惠利他概念由Trivers（1971）提出，他认为利他行为者名为利他，实为利己。利他行为虽然看似损害了行为者自身的利益，但在实际上该行为最终指向的并不是他人的需求，而是该行为给自身带来的某种回报，包括社会赞许、名誉或其他利益，例如，在访谈中提及的"众人拾柴火焰高""人人为我、我为人人"，都体现了行为者对于利他行为回报的期许。纯粹利他行为是个人相信自己有改善他人福利的社会责任和使命（Chang et al.，2011），例如，受访者提到自己愿意和他人分享解决问题的经验，"免得别人浪费太多时间和精力"，从而体现出一种为了他人福祉而付出的人格特征。

（1）互惠利他，互相帮助。

我有个好的习惯，就是收集别人总结出来的东西，我也乐意分享我的。资料都是公开的，资料和资源就这么多，众人拾柴火焰高，人人为我、我为人人，帮助他人，（大家）都能强大起来。

（2）纯粹利他，共享知识是为了帮助他人。

自己遇到了一些问题，解决了也会给别人分享一下，免得别人浪费太多时间和精力。

所以慢慢地就觉得我做了这件事以后确实会有一些价值，自己也回顾了我写的这些东西，不但是我（的）一个积累，确实有时候会反过来帮到年轻人，虽然我不老。

我们其实目的很简单，主要是帮助其他经销商回答问题。

通过这个系统为其他人做出贡献。

3. 付出期望

付出期望是指平台使用的难易程度，即学习和使用这个平台所需付出的时间精力。通过访谈发现，付出期望对于不同类型的知识贡献者来说，其作用程度不同。有些关键贡献者提到，感知易用性并不是决定其进行知识共享的关键因素，系统易用与否不会影响其参与热情。对于中度贡献者和潜水者来说，易用性对其参与度存在正面影响。因而付出期望对共享意向的影响还有待结构方程分析的证实。

为了提高易用性，平台曾经多次进行升级，希望为平台使用者带来方便流畅的知识共享体验。在访谈时，询问受访者平台的技术升级是否提升了其参与度。受访者都对平台技术环境的更新表示赞许，认为流畅的用户体验为其使用平台带来了便利，但当问及功能升级是否促进了其知识共享时，受访者给出了不同的答案。有关键知识贡献者提出平台的技术环境并不是其共享知识的主要影响因素，即平台的使用难易程度并不会显著影响使用者的参与程度。

（1）平台易用性对使用行为无影响。

虽然一开始这个系统是有些不太好用的地方，但是如果我确实想用的情况下，依然会继续使用。

没有感觉到升级对我有什么影响，升级之后就是把有些功能更丰富了。

（2）方便的使用体验会增加参与人数、提升参与频次。

　　改版之后，对我们用户来说是非常方便的。然后可以花更短的时间去使用，效率更高，非常实用。

　　改版之后参与度会提高，用了之后方便一点，现在推荐每个技师都用，查看一些分享的案例。

　　内容丰富，使用顺畅，确实使用频率增加了。

　　如果说这个系统变得比较卡的话，可能也会慢慢降低使用的频次。

三　内在动机

内在动机指个人为了工作本身而努力，而不是为了工作之外的奖赏而工作。相比外在动机，内在动机会带来更好的坚持、表现和满足感（Deci，1975；Deci et al.，2000）。内在动机包括三个二级因子、四个题项，三个二级因子分别是成就感（来自知识分享的成就感和来自攻克难题的成就感）、荣誉感和声望（见表4-4）。

表4-4　内在动机因素的定义和二级因子

内在动机	为了工作本身而努力	
二级因子	成就感	个体感到自己的知识是有价值的,并在分享中获得自我实现
	荣誉感	虚拟社区成员因意识到肯定和褒奖所产生的道德情感
	声望	通过分享知识提升一个人在社会体系中的形象或地位的程度

1. 成就感

成就感是指个体在共享知识时感到自己的知识是有价值的，并在分享中获得自我实现。在教学中，成就感是对学员最好的心理奖励，可以增强学员的自信、兴趣和动力，形成一种良性循环（王嫄等，2021）。对于成就感与知识共享的关系尚存争议，例如 Yang 等（2011）发现成就感是用户贡献知识的重要内在动机，叶伟巍和朱凌（2012）证实成就感驱动虚拟社区中的用户参与，而耿瑞利和申静（2019）的研究证实成就感对其知识共享意向无影响。本书通过访谈发现，教育问答类虚拟社区中，成就感是产生知识共享意向的重要驱动因素，成就感不但来源于与他人分享知识，而且来源于找到问题的答案。

（1）分享的知识被采纳带来成就感。

我把经验分享给大家，如果被别人采纳，我是有成就感的，主要是这个成就感，这个动力支持我继续往下做。

（2）攻克难题、获得积分带来成就感。

我是 2019 年 5 月 22 日正式接触这个平台的，刚开始是搜索内容，后来发现有游戏规则，类似玩游戏，有点挑战。只要能接触到手机，有时候凌晨三四点也会回答问题。现在白天没有时间，半夜 11~12 点看。分数很难达到，我想挑战一下，不断去刷新。所以一开始是奔着分数去的，后来积分涨上去了，就把排行榜当作挑战目标，希望一直在排行榜上第一的位置。现在我甚至会送给别人积分，看到别人在我的帮助下提升也是很开心、很有成就感的事情。

这个平台也是能彰显技术水平和技术能力的一个地方，同时还能有积分，提高自己的积分也是挺好的。

我喜欢攻克难题的感觉。如果有人提了技术难题，我就想解决它，解决不了就寝食难安，解决以后就很有成就感。

2. 荣誉感

本书使用李志宏等（2010）对荣誉感的定义，即虚拟社区成员因意识到被肯定和褒奖所产生的道德情感。李志宏在对高校创新型科研团队的研究发现，荣誉感可提升隐性知识共享意向。这是因为荣誉感是带有组织、社会属性的一项心理动机，因而更适用于组织内部的知识共享。

首先，荣誉感是指获得认可和精神激励。受访者认为，获得认可、嘉奖或排名提升带来的荣誉感对知识共享有促进作用，精神激励比物质激励更有价值。具体而言，荣誉感可分为三个方面。

（1）认可带来荣誉感。

可以看得出（领导和同事）对这个平台的一个关注度，对自己的认可吧！还是很有荣誉感的！

（2）嘉奖带来荣誉感。

哪怕就只是一个礼品或奖杯，对每一个使用者来说都是一种嘉奖。其实不在乎给的什么，就是大家知道分享中有这个人存在，这种价值可能比你刚才说的得到一些物质更好一些。

（3）排名带来荣誉感。

排名的作用主要是（带来）荣誉感吧。

平台排名对每个人都是一种激励，看到别人高，自己的低，会有比较，也是一种个人荣誉。

因为通过积分，它会有一些排名，很可能让你的名字排列在前面，大家的关注度相对高一点，这也是一种荣誉。

我觉得排名肯定对每个人都是一种激励，可能看到别人的排名很高，而自己排名很低的时候，你就觉得是不是自己分享的少，自己在企业这个系统里面也希望被大家认可，或者被大家肯定，因而排名还是要靠前一点，会觉得自己在系统里面的贡献会多一些。

我，8年工龄，技术专家，访谈时在 AQA 平台上积分排名第一。排行榜其实也是我要挑战的一个目标，希望一直在排行榜上排第一。后来工作调动，我很担心自己在 AQA 平台的账户会被取消，我希望我的账号可以保留。感谢平台上的老师，让我保留了账号。我等了8天，就是11月1日开始使用不了，直到11月8日恢复了我的账号。在这期间我每天都渴望着恢复账号，我每天都关注，发现这8天很痛苦，好在苦尽甘来。

3. 声望

声望的归类与理论模型不同，在理论模型中，声望归属于社会影响，但在以往研究中，也有学者将名誉归为内在动机，根据探索性因子分析的结果将声望归为内在动机（见表4-4）。声望是指通过在知识共享平台上分享知识提升一个人在社会体系中的形象或地位的程度。本书的元分析发现（附录二表14），声望与知识共享意向强相关，相关系数为 0.549，多项研究证实，声望正向影响知识共享意向和行为（Hoseini et al.，2019；Lee et al.，2016；Park et al.，2018；刘虹和李煜，2020）。

受访者提及回答采纳验证可以使知识贡献者获得来自他人的专业肯定，进而提高其声望。

积分高的话，所有的这个系统的同事都能够看到，也是个人声望的一个积攒，感觉比较有面子。

四　共享意向

基于 UTAUT 模型，自变量和因变量之间还有一个中介变量——意向，即知识共享的影响因素通过知识共享意向影响知识共享行为。对于意向的测量无客观数值可以参考，只能依赖调查问卷回答中被试者的自我主张。迄今所有的涉及知识共享意向对知识共享行为影响关系的文献中，都证实了知识共享意向对知识共享行为的正向影响（刘洁，2019；马如霞，2019；彭琦，2020；唐婷，2019；王辰星，2017；张蒙，2016）。本书通过元分析（见附录二表 14）发现，知识共享意向对知识共享行为的相关系数达到 0.601。UTAUT 模型也证实行为意向显著正向影响行为。

五　其他影响因素：外在动机和组织影响

1. 外在动机

外在动机指的是用户希望执行某项活动，因为该活动被认为有助于实现与活动本身不同的、有价值的结果，例如薪酬、升职。在管理实践中，升职加薪往往是员工激励最重要的"撒手锏"。然而本次访谈的结果证实，物质激励并未体现出对知识共享意向的强促进作用。

> 如果有礼品奖励当然好，没有也没关系。
> 没有想过用这个技术平台和升职加薪有关系。
> 如果有奖品的话，可能会用一下。

2. 组织影响

同样失效的还有百试不爽的绩效指标。组织影响是 UTAUT 模型的重要指标，是指组织中管理人员的态度和行为、公司政策对员工的影响。在 AQA 平台建立初期，发帖的数量要求确实对分享行为起到了作用。2019 年 5 月，AQA 项目组提出绿荫计划，旨在为平台收集高质量的问题和答案，完成知识库的原始积累。具体操作方式为：在提问方面，建议全国所有经销商维修技师每个月为平台提供两个问题；在回答问题方面，邀请1000多名资深的经销商维修技师，每人每月回答8个问题，从而期待借助这一计划每个月为平台新增8000个潜在的正确答案。经过对平台的客观数据进行分析，发现该计划显著促进了发帖量（提问、回答、分享）的增加。2019年5月推行绿荫计划后，单月问题数和分享数都达到了顶峰，分别为2427个和786个，回答数达到了10133个，发帖量较4月增长了587%，分享数同比增长264%，回答数增长了近16倍，问题数增长了近12倍，至6月发帖数持续上升，达到顶峰。2018年11月至2019年11月，平台推出了多项在线活动，在活动干预下，2019年10月，分享数较上月增长了416%。

然而，发帖行为的频繁并不意味着知识共享意愿的提升，也并不意味着知识共享质量的提升。有趣的是，访谈中的一名关键贡献者提出，制定发帖KPI非但不能提高其共享频率，反而负面影响了其共享知识的行为。

（实施绿荫计划对我）没有（正面影响）。绿荫计划是调动用户的积极性，确实让更多人参与到系统，（但也导致）问题量激增，导致（我）不能关注到每个问题（进行回答）。

第二节　内在驱动与外部赋能：知识共享影响机制分析

一　知识共享影响机制验证模型

通过质性访谈和因子分析的结果带来了诸多启示。

第一，质性访谈的结论部分肯定了促成因素、预期收益和内在动机对知识共享意向的影响，但也发现访谈者对于多个问题的反馈意见相左。关键贡献组与潜水者、中度贡献者的回答存在差异。例如，两组人员在付出期望上给出了不同的答案，对于关键贡献者来说，感知易用性并不是决定其进行知识共享的关键因素；但是对于中度贡献者和潜水者来说，易用性对其参与度存在正面影响。对于组织影响，中度贡献者认为发帖 KPI 的设置对共享行为具有正向影响；但有关键贡献者认为发帖 KPI 的设置降低了知识共享的质量，形成了信息噪声，负向影响了其共享意向。

上述差异为之前关键贡献者研究以及人力资本要素分析的发现提供了解释。关键贡献者对知识共享输出量的贡献显著高于其他员工，造成这种状况的原因到底是什么？质性访谈的结果初步提供了答案。关键贡献者几乎在对所有问题的回答上都区别于普通员工，他们的知识共享影响机制必然与潜水者的机制不同。

第二，内在动机因子在质性访谈中被反复提及。基于文献综述和元分析的发现，本书在研究框架中加入了内在动机因子，访谈和因子分析的结果证实了这一因子对知识共享意向的影响。

在 UTAUT 模型构建中，内在动机二级因子包含态度因素。态度因素的定义是个人对使用平台的整体情感反应。在构建 UTAUT 模型时参照的八个理论中，有四个理论与态度因素相关联，包括：态度行为（理性行为理论、计划行为理论、技术采纳和计划行为复合模型）、内在动机（动机模型）、使用影响（计算机利用模型）和情绪影响（社会认知理论），它们都体现了个人的喜好、享受、情绪。态度因子在不同理论中对行为意向的影响结论是不同的。在理性行为理论、计划行为理论和动机模型中，态度因素的影响作用都是显著的，也是行为意向的最强预测因子。然而，在技术采纳模型、计划行为理论、计算机利用模型和社会认知理论中，该因子对行为意向的预测作用并不显著。UTAUT 模型认为，对使用技术的态度不会对意向产生直接或交互的影响，情感反应（如内在动机）可能通过付出期望来运作（Venkatesh et al.，2003），只有当付出期望和绩效期望不包括在模型中时，态度因素才是重要的。

本书推翻了 UTAUT 对于内在动机的结论。通过访谈发现，由积分排名、帮助他人带来的成就感和荣誉感，以及获得声望，是用户初始使用知识分享平台和持续进行分享的重要原因。诸多研究证实内在动机是形成知识共享意向的重要因素（Brabham，2008；Frey et al.，2011；Kleeman et al.，2008；Lai et al.，2014；Soliman，2015；冯小亮等，2013；叶伟巍等，2012；张利斌等，2012）。本书的文献综述部分对知识共享影响因素相关文献进行了元分析，元分析结果显示，态度因素与知识共享意向显著强相关（$p<0.001$），相关系数达到 0.534，研究证实态度因素显著正向影响知识共享意向（陈昊伟，2020；金丹，2015；刘洁，2019；马如霞，2019；孙瑜，2019）。

此外，本书还增加了促成因素作为共享意向的影响路径。在 UTAUT 模型中，促成因素与知识共享行为之间具有直接影响关系，而与知识共享意向之间没有影响关系。通过访谈发现，促成因素中的自我效能和外部支持都影响着知识共享意向，如"看到厂家老师也（对我的回答）进行了点评，我挺开心的，更喜欢分享了"等。因而，在促成因素和知识共享意向之间增加一条关系线，在之后的定量研究中进行验证。

综上所述，构建知识共享影响机制验证模型（见图 4-1）及相关假设如下。

假设 1：促成因素通过知识共享意向影响知识共享行为。

假设 2：预期收益通过知识共享意向影响知识共享行为。

假设 3：内在动机通过知识共享意向影响知识共享行为。

假设 4：促成因素直接影响知识共享行为。

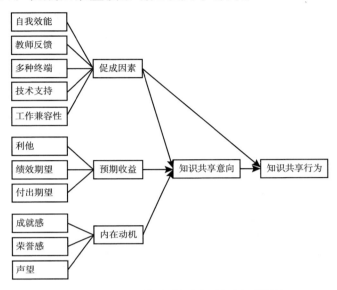

图 4-1　知识共享影响机制验证模型

二　知识共享影响机制结论模型

为了进一步验证在访谈中发现的因素能够在多大程度上影响关键贡献者的知识共享行为，以及如何影响知识共享行为，2021 年 AQA 平台实施了一项调研（问卷见附录五）。调研针对 AQA 平台中配合度高、参与度高、认证情况高的用户，面向全国发出 1600 份问卷，收到 1038 份答卷，再删除低质量答复，最终保留 696 份有效问卷。首先，验证模型通过验证性因子分析，由促成因素、预期收益和内在动机三个潜变量构成的模型因子载荷均达到 0.6 以上，组合信度大于 0.7，平均方差抽取量大于 0.5，模型内在质量理想。其次，就路径系数而言，促成因素、内在动机对知识共享意向的直接效果路径系数均在 0.001 的水平上显著，知识共享意向对知识共享行为的路径系数在 0.05 的水平上显著；预期收益对知识共享意向的路径系数未达显著（$p = 0.76$）。由此得出结论：促成因素、内在动机通过知识共享意向影响共享行为；预期收益对知识共享意向无显著影响；促成因素对知识共享行为无显著影响。最后，由促成因素、内在动机、知识共享意向和知识共享行为构成知识共享影响机制。验证模型通过了模型适配度检验，CFI、NFI、TLI、GFI、IFI 均大于 0.90，RMSEA 小于0.08，卡方自由度比小于 5.0，模型适配度尚可。综上所述，组织内知识共享影响机制如图 4-2 所示（分析过程见附录六）。

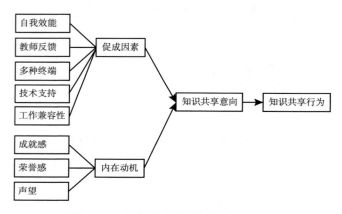

图 4-2　组织内知识共享影响机制

第三节　发挥关键贡献者的作用

本节对知识共享的影响机制进行定量研究，可以回答以下问题：促进关键贡献者进行知识共享的影响因素和影响机制是什么？

一　关键贡献者的知识共享影响机制由内在动机驱动

在以往的知识共享影响因素研究中，对于内因和外因的研究和争辩从未停止。个体的行为归因分为两种，一种是自主取向，即将个体的自我知觉作为行动的原因，即内因；另一种是控制取向，即行为的原因是获得奖赏或取悦他人。自主取向比控制取向更能激发人的行为（Deci，1975；Deci et al.，2000）。本书的结论揭示了组织内部成员知识共享意向和共享行为的影响因素及其特点，发现他们的行为和意向由内因驱动，而非外因驱动。通过元分析、文献分析、质性访谈以及探索性因子分析，本书将内在动机的二级因子具象为成就感、荣誉感和声望。

成就感是教育心理学中至关重要的学习动机因素，是对学员最好的心理奖励（王嫄等，2021），知识共享中的成就感指个体在共享知识时感到自己的知识是有价值的，并在分享中获得自我实现。以往的研究对于成就感对知识共享影响性的讨论尚存争议，有研究证实成就感驱动用户贡献知识或参与行为（Yang et al.，2011；叶伟巍等，2012），也有研究发现知识成就感对其知识共享意向无影响（耿瑞利等，2019）。本书区分了共享意向和共享行为，通过质性访谈以及结构方程分析证实，在教育问答类虚拟社区中，成就感是内在动机的重要组成部分，是知识共享意向的重要驱动因素，成就感来源于与人分享知识和攻克难题。

荣誉感因子较少被讨论，本书元分析的结论中也未出现该因子，只有个别研究组织内部知识共享的文献有所涉及。例如李志宏等（2010）在对高校创新型科研团队的研究中发现，荣誉感可提升隐性知识共享意向。这是因为荣誉感是带有组织、社会属性的一项心理动机，它反映的是人对自己和自己置身其中的阶级、阶层、集团的行为、功绩及地位的自我道德肯定和感受（罗国杰，1993），因而更适用于分析组织内部的知识共享，本书证实了荣誉感对知识共享意向的促进作用。

声望是内在动机的一个重要构成因子。以往文献对于声望的讨论结论较为一致，本书的元分析发现声望对知识共享意向和共享行为的促进作用（Hoseini et al.，2019；Lee et al.，2016；Park et al.，2018；刘虹等，2020），本书再次证实了这一结论。

内在动机因子对知识共享意向的促进作用为虚拟社区的管理带来了实践启示，教育虚拟社区的管理策略应辅助拉动员工的参与动机。例如，为关键知识贡献者提供嘉奖，采用一系列线上"等级"或者"勋章"的方式，为参与者带来声望，进一步促进其共享行为。

二 促成因素通过共享意向正向影响共享行为

促成因素包括五个二级因子，分别为自我效能、多种终端、教师反馈、技术支持和工作兼容性。研究发现，促成因素对知识共享意向具有显著影响，这为知识共享中组织的干预提供了方向。如果一个组织为任何知识共享活动提供支持环境，它将鼓励个人之间的互动和协作，并支持个人能够自组织其共享知识的网络，这对于促进知识流动非常重要（Sunardi，2017）。教育虚拟社区的管理需要"软硬兼施"，组织应投资于"硬"信息基础架构以及"软"管理系统，以激励员工分享和记录他们的专业知识。后一种管理系统非常重要，如果没有适当的激励，员工可能不愿意记录他们的独特知识，因为担心失去他们的专家权力和基本角色（Youndt et al.，2004）。

1. 自我效能

前人的多项研究证实，感知行为控制、自我效能正向促进知识共享意向（金丹，2015；刘虹等，2020；马如霞，2019；缪运，2020；孙瑜，2019；唐婷，2019；王辰星，2017；张蒙，2016）和知识共享行为（Hao et al.，2019；丁青，2020；秦丹，2016；秦琴，2020；王超超，2019；王辰星，2017；张宸瑞，2016；张克永等，2017；张蒙，2016；左莉，2017）。个人的自我效能是组织背景下个人知识共享行为的良好预测因素（Cabrera et al.，2006；Kankanhalli et al.，2005）。企业教育虚拟社区提供了一个能够展示个人的专业知识、能力或价值的平台，它提供了通过内部来源加强自我感知的机会（Yang et al.，2011）。关键知识贡献者、人力资本水平高者的自我效能感较高，他们相信自己有能力为组织成员分享知识。对于低自我效能者，他们担心"发表上去不一定对，没有信心去分享""担心万一回答不正确可能会丢面子"，因此，企业教育虚拟社区的管理者应制定相应策略，激发员工的自我效能感，帮助员工建立信心，或采用匿名发表等方法，打消员工"怕丢脸"的顾虑。

2. 教师反馈

在促成因素中，教师反馈的因子载荷达到0.8。反馈寻求领域的研究证实，获得自己表现反馈的需求是人类的基本需求，积极反馈会产生高绩效预期，这可能会诱使个人出于印象管理的原因寻求更多反馈，并增强他们的自尊（Anseel et al.，2015），正向反馈可以带来自信和快乐，激发积极情感反应，推进创造力的提升（王宁等，2021），在反馈寻求者眼中，可靠来源的反馈更有可能包含有助于提高绩效的信息（Anseel et al.，2015）。在知识共享平台中，厂商的技术专家是最为可靠的反馈来源，技术专家及时对关键知识贡献者的贡献予以点评、赞许、反馈，可以增强贡献者的共享意向，同时提高其自我效能，为其带来被认可感、成就感等积极的情绪反应，促进其知识共享意向。

3. 多种终端

企业教育虚拟社区应提供多种终端版本，尤其是手机版本。在职人员学习时间有限，很难长时间坚守在电脑前进行学习，在本书涉及的样本中，只有管理人员才配备有电脑，维修人员由于工作岗位在车间一线，甚至并未配备电脑。因而，企业内部教育虚拟社区应支持员工碎片化学习的需求。很多员工在访谈中提到，平时没时间学习，睡前打开平台"刷一刷"。

4. 技术支持

在使用平台的过程中，随时可以得到平台管理方的在线支持，也促进了其对平台的使用和知识的共享。

5. 线上线下工作兼容

模型中提到工作兼容性是促成因素的二级因子，参与者希望企业教育虚拟社区的工作模式与线下工作的模式是兼容的。在质性访谈中有受访者提到"因为平时公司就要求总结优秀案例，已经形成了习惯，所以在线上分享案例也很适应"。虽然学者们的研究证实虚拟组织的管理与实体组织的知识共享机制不同，员工激励机制不同（Merkevičius et al.，2008；Lenart-Gansiniec，2017；徐锐等，2010），传统线下的管理方式和激励方式不能一成不变地迁移到线上，但组织的虚拟社区管理也不宜一味强调这些差异性而忽略兼容性。例如在本书中，每位员工都同时处于实体组织和虚拟线上社区两个环境中，如果两个环境中的管理制度不一致，则会对员工造成方向上的困扰，或者员工需要花费额外的精力完成不同组织环境下的任务。相反，线上线下管理措施和目标的兼容可以让员工更容易达成目标，从而促进其分享知识。

三 知识共享意向的中介作用

虽然知识共享意向到知识共享行为的路径系数并不高，只有0.09，但其显著性已达到5%的水平，说明知识共享意向对共享行为具有显著的正向影响。组织的知识管理以知识创新和组织核心竞争力的提高为最终目标（梁林梅等，2011），如果只有美好的知识共享意向，而没有真正的知识生产行为，对组织来说缺乏价值；同时，如果只关注结果不关注过程，也可能导致急功近利、损失质量的问题。本书证实，知识共享意向在知识共享机制中发挥着重要的中介作用，可以促进知识共享行为的产生，因而在管理实践中，也应重视对于知识共享意向的激发，进而最终促进知识共享行为的发生。

四　预期收益对知识共享意向无显著性影响

绩效期望、系统是否简单易用、利他因素等预期收益因子被证实对共享意向无显著性影响。同样，外部影响（组织政策要求、身边同事的影响）、外部激励（升职、加薪、物质奖励）经过质性访谈的研究分析以及探索性因子分析的多次调整之后，未包含于影响因素之列。

探究其原因，可与质性访谈的发现相呼应。首先，关于绩效期望因子，本书的研究对象是知识的贡献者而非知识的寻求者，即回答问题的人，而非提问者。访谈的结果证实，绩效期望因子主要促进的是知识寻求行为而非知识贡献行为。知识寻求者体现出了较强的绩效期望，他们希望通过在平台上的学习解决现实问题进而提升绩效。而分享知识则是帮助他人提升绩效。

其次，在本书样本中，未发现外部激励因子对知识共享意向和行为产生显著性影响，这与企业能够提供的激励强度有关。受访者提到"没有想过用这个技术平台和升职加薪有关系"，外部激励是小礼品。企业中的强激励，例如晋升和加薪，一般情况下与关键考核业务指标例如销售业绩相关联。员工很少因培训平台的活跃度或知识贡献而获得升职加薪。这也证实了本书的研究结论，当物质资源有限时，对员工予以精神激励以提升其荣誉感，激发其内在动机至关重要。

上述发现对于组织内部的知识管理具有启示作用，促使管理者反思绩效管理在知识管理中的作用。在组织管理实践中，基于 KPI 指标的绩效管理一直是企业管理的"不二利器"，而完成 KPI、获得绩效、升职加薪也常常被证实是促成员工努力的关键因素。本书案例也曾经对员工的发帖和回帖数量做出要求。然而，质性访谈和问卷研究的结果均发现，这种简单粗暴的行政命令方式在虚拟社区的知识共享领域失灵了。分析其原因在于：首先，虚拟社区不同于实体组织，其组织形式相对松散，在该社区中，没有行政领导，参与人员是基于共同目标而形成的一个虚拟组织联盟。实体组织基于办公场域监督、面对面监督的强势管理方式在虚拟社区中无法实施，行政命令的效用在从线下到线上的转移中被削减了。其次，隐性知识的分享无法用 KPI 要求。组织知识是通过日常活动、组织文化和个人努力的复杂互动创造的，而且很难定位或传播（Kogut et al.，1992）。知识共享行为是把个人隐性知识转变为组织显性知识的过程，而个人隐性知识之所以成为隐性知识就是因为其不可表征、不可量化、不可描述，一个专家的头脑里到底有多少经验、知识，只有其自己知道，有时甚至连其自己都不甚清晰。在此情况下，有多少隐性知识能够被结构化、显性化成为显性知识，这些显性知识又有多少能够在虚拟社区中被共享成为组织知识，是无法通过 KPI 进行要求的。例如"把 80% 的经验分享出来"这样的政策是不可能实施的。即使企业对员工的发帖数量进行要求，这些发帖到底承载了多少真正的经验和个人知识，或个人是认真还是敷衍地完成指标，组织是无从判断的。只有当员工发自内心地愿意进行知识共享时，其分享的数量和质量才能得到保障。

利他因素本身是一个很有争议的因素，首先关于利他的定义就分为三种，包括亲缘利他行为、互惠利他行为及纯粹利他行为（陈丽蓉，2018），本书中的利他综合了互惠利他和纯粹利他行为，因而将互惠利他作为一个因子研究。前人的研究对互惠利他是否对知识共享具有影响，结论并不稳定。诸多学者的研究结论支持利他对于知识共享意向具有显著正向影响（Lee et al.，2016；Jeon et al.，2020；Hoseini et al.，2019；谭旸等，2020；刘虹等，2020；张克永等，2017），然而 Park 等（2018）研究发现利他对知识共享意向无显著影响。同样，互惠因素对知识共享行为影响的结论也存在分歧。产生这些因素的原因很可能是所研究的平台类型不同。本书元分析的结果证实，平台类型是一个重要的调节因素，社会问答平台的互惠因素对知识共享意向的影响显著低于社交平台和其他平台，这印证了 Guan 等（2018）的研究，对虚拟社区的管理者也是一个重要提示：问答型知识共享平台具有独特的研究价值，在制定社区管理政策时，需区分平台的种类，从而做到因地制宜。

质性访谈的结果已发现，系统的易用性并不是知识共享意向的强影响因素，不同类型的员工对这个因素给出了不同的回答。所有受访者都对平台功能的改善赞赏有加，承认流畅的使用体验提升了使用便利性，但也有关键贡献者表示，平台的技术环境并不是其知识共享行为的主要影响因素，"虽然一开始这个系统是有些不太好用的地方，但是如果我确实想用的情况下，依然会继续使用"。企业知识管理系统的开发往往非常昂贵，在企业知识管理实践中，经常出现重平台建设、轻平台管理的弊病，仿佛平台上线就万事大吉。本书的研究证明，在企业内部教育虚拟社区中，平台优化的优先级应该排在完善管理之后。

综上所述，在虚拟社区的知识管理中，组织成员需要的不是强加的 KPI、可有可无的礼品，而是来自教师的及时反馈、线上线下的管理兼容以及由多种平台支持的可随时触达的线上体验。很多组织把虚拟社区的知识共享平台归入在线培训的范畴。在线培训建设往往出现重开发、轻运营的情况，最后由于平台的参与度不高而逐渐荒废；或者简单粗暴地使用 KPI 对参与度进行要求，员工敷衍完成指标，导致参与率高、质量低。这两种情况都是对组织资源的浪费，而这种浪费又会为管理者传递出在线培训效能低下的负面信号，进一步瓦解其对在线平台和知识管理的关注和支持，从而形成恶性循环。本书提示，在组织内的虚拟社区建设中，管理者应将管理思路从推（Push）转化为拉（Pull），通过管理干预拉动和激发员工的内在参与动机，从"要我分享知识"变成"我要分享知识"；管理方法从自上而下的指标管理（KPI Management）转化为向上承托的赋能管理（Empowerment），管理措施从纸面上的管理制度变为实实在在的辅助措施，从而为员工提供良好的技术环境和管理策略环境。

第五章 企业教育虚拟社区的管理策略

  企业是创新驱动发展的微观主体，人力资本更新是企业技术创新的核心要素，知识在组织内部和组织间的共享加速创新发展。互联网和信息技术的持续发展，将分散的信息和智慧汇集在一起，为组织分享知识的尝试提供了基础（Stewart，1997），一种新型的教育技术和教育模式——组织内部的教育虚拟社区应运而生。教育虚拟社区的发展为企业教育创新、人力资本更新、知识共享提供了新的契机，也带来了新课题。教育虚拟社区中的知识共享过程是个体的隐性知识与组织的显性知识螺旋形转换创造的过程，这一过程的实现还面临诸多困境，包括员工的知识共享意向薄弱、组织的资源支持匮乏、员工的高流失率带来的隐性知识流失等。如何在这一教育模式下克服长久以来困扰企业创新发展的知识共享障碍，促进隐性知识向显性知识转化，促进企业知识增值，为提高企业创新能力提供借鉴，进而贡献于创新型社会建设，有着重要的现实意义。

  本书根据定量研究的结果，构建了组织内知识共享影响机制模型。该模型界定了对共享意向构成显著影响的两个潜变量：外部促成因素和人的内在动机因素。这两个因素体现出人、组织支持和技术支持三个方面对于知识共享意向的显著性影响。这为知识共享的策略研究提供了方向。安达信咨询公司提出过一个知识管理公式（梁林梅等，2011），该公式与本书发现有相似之处。该公式着眼于人员、技术和组织三个维度，公式表达为 KM =（P + K）^{s}，其中，KM（Knowledge Management）表示知识管理；P（People）是人员；K（knowledge）是知识；+ 是 Technology，即（信息）技术；S（Sharing）是分享，是知识共享的组织制度环境。该公式强调了知识管理将人与技术充分结合，并在共享的组织制度设计和组织文化下达到最佳的效果。这一公式与本书的模型发现也可互相印证。本章结合模型分析的结论，围绕人的内在动机、平台技术策略和组织激励制度各个方面来探讨管理策略。

第一节　激励策略

一　荣誉感激励

内在动机因素的测量变量有三个，分别是声望、荣誉感、成就感（包括分享获得的成就感和攻克难题获得的成就感）。因子载荷最大的是荣誉感，达到 0.86。为了进一步验证内在动机对知识共享的促进作用，探寻其干预措施，本书选取因子载荷最高的荣誉感作为自变量，采用积分作为因变量，选取 10 名关键贡献者作为被试，采用嘉奖的方式进行前后测实验。实验结果证实，被试者的积分情况在实验干预前后显著提升。嘉奖为被试提供了荣誉感，激发了其内在动机，显著促进了其知识共享行为。该实验的具体内容见附录七。

除嘉奖之外，AQA 平台组织者还采用多种激励方式来激发员工的荣誉感。第一，为积分居前列的获奖成员录制专访视频，在组织内部进行分享、播放；第二，对于知识大咖进行深度访谈，开展"大咖开讲"的在线讲座；第三，设置会员的准入门槛，会员必须通过技术考试才能享有会员资格，这一方面为知识共享的质量提供保障，另一方面也为会员带来了身份荣誉感。

二　成就感激励

在模型中，由分享带来的成就感对于内在动机的因子载荷达到
0.74，由攻克技术难题带来的成就感对内在动机的因子载荷达到
0.60，两者对于知识共享意向都具有显著性正向影响。戴维·麦克莱
兰德就"何种任务可以为成就高者带来成就感"进行了研究（罗宾
斯等，1997）。其理论发现，成就高者追求的是个人成就而不是报
酬。他们有一种事情做得比以前更好或更有效率的欲望。他们寻求的
环境具有下列特点：在这样的情境中，个人能够为解决问题的方法承
担责任，及时获得对自己绩效的反馈以便于判断自己是否有改进
（见图 5-1）。这与本书的发现是吻合的，也为关键知识贡献者的成
就感激励提供了思路。

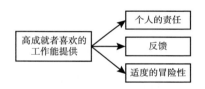

图 5-1　麦克莱兰德需要理论：成就高者研究

研究发现，成就高者不喜欢偶然性高的赌博，因为从偶然的
成功中他们得不到任何满足感。同样，他们也不喜欢成功的概率
过高，因为那样对他们的能力没有挑战。一项任务成功的概率是
50％时，他们能够获得最佳的成功感和满意感。在组织内知识共
享平台的管理中，可以为关键的知识共享者设置一些难度适中的
任务，例如技术难题游戏，以激发关键知识贡献者的参与感和成
就感。

此外，AQA 平台组织者还发起了一项"消灭'感谢分
享'——如何正确地评论和赞美"活动，用视频的方式教会用户如

何对别人给出的答案和经验分享进行反馈。原因在于，在开展此项活动之前，每个知识分享贴或者问题回答下面都是一串"感谢分享"。对于付出努力无私分享的知识贡献者来说，这种反馈未免略显敷衍。为了实现让用户激励用户、让用户为用户创造成就感，平台组织者开展了此项活动。通过此项活动，用户评价已经从"感谢分享"变为"这么精彩的总结一看就是用心了""这个问题我昨天恰好遇到，这个帖子恰好帮我了"，用这种赞许为知识分享者创造出成就感。

三 声望激励

定性定量和实验研究都证实，声望可以促进知识共享意向和共享行为。AQA 平台采用一系列线上"等级"或者"勋章"的方式，以及线下会议嘉奖的方式，为参与者带来声望，进一步促进其共享行为。

第二节 技术策略

在知识共享模型中，构成促成因素的五个二级因子中有两项和虚拟社区的技术环境相关，一个是技术支持，另一个是多种终端。在知识共享社区的技术支持方面，本书具有一定的局限性。由于组织内的 IT 投入有限，与很多的企业内部知识共享社区一样，AQA 平台的技术架构形态较为简单，只能最基本满足提问回答，辅以积分等级制度。随着用户数量和问答数据量的上升，虚拟社区的技术建构往往面临如下挑战。

第一，在提问者和回答者的匹配机制方面，由于采用一个用户对多个回答者的自主匹配方式，用户可能会得到多个不同的答案，用户不得不与多个回答人重复描述问题，这也在挑战用户的耐性。第二，用户的采纳具有随机性，不能确保择优采纳，回答者的专业技能得不到认可，如果由人工进行筛选，又面临着人力不足的情况。第三，平台沉淀的数据都是非结构化数据，没有统一的质量衡量标准，导致数据多而不精。第四，在存在外部激励的情况下，出现交易欺诈行为，如用户通过自问自答以获得积分、奖赏或完成任务。这些无效回答和无效提问，对平台知识质量管理提出了挑战。上述诸多问题交织在一起，知识共享社区将会出现"劣币驱除良币"、核心知识共享者流失、知识生产质量无法保证的问题。基于这些挑战，越来越多的知识共享虚拟社区开始引入更为先进的技术策略和协作方式，例如人工智能和众包。

为了拓宽研究视角，本书对某付费型汽车问答平台（下文称为 A 平台）的技术应用进行了研究。A 平台创立于 2014 年，是以提供汽车维修、保养问题解答服务为主要业务的交易型知识问答众包平台。到 2018 年 A 平台已经发展为国内最大的用车问答和维修技师众包平台，拥有 14 万名注册技师，为超过 1000 万名车主提供超过 2000 万次问答服务。在技术应用方面 A 平台基于数千万条用车问答数据打造智能问答库，在系统化用车知识的基础上构建知识图谱，通过优化算法模型提高服务运营效率。

一　众包模式应用

创立之初，A 平台通过在汽车垂直网站上发表用车类科普文章获得关注，通过文章后面的微信公众号二维码获得了第一批约 1000 名种子用户。微信公众号每天都会有新文章发表，同时鼓励用户留言进行选车、购车、用车、养车、修车等覆盖汽车全生命周期的提问。到2015 年初平台用户达到 5000 人，用户可以免费提问，日平均提问量在 200 个左右，其中选车及修车问题占比最高，均达到 30%。在问题回答方面，平台在建立之初主要通过自有的 4 名专业人员按照专业领域划分进行回复，以保证专业性及回复的时效性，但是随着 A 平台不断开发客户端，针对微信公众号、App（IOS 端、安卓端）开启多平台用户引流，用户量以万为单位迅速增加，相应的问题量激增，在此情况下，原有的 4 名员工很快无法满足迅速增长的客户提问，平台开始引入互联网的创新合作模式——众包模式。

众包（Crowdsourcing）概念是由 Jeff Howe 于 2006 年 6 月在《连线》杂志的一篇文章中首次正式提出的，其定义是把传统上由企业内部员工承担的工作，通过互联网以自愿的形式转交给企业外部的大众群体来完成，即将任务分配给众多参与者进行集体创作的一种协同工作和生产模式。众包为知识共享提供了新的发展契机，其本身就是一种有组织的知识共享形式。在此模式下，许多互联网用户以自愿合作的规则共同创造知识（Chiu et al.，2006），可以同时从组织外部的许多来源获取人类知识（Howe，2006；Brabham，2008）。网络平台技术的发展为众包模式的发展提供了充分的人才条件，同时也为大众施展个体才华和展现个人创意提供了社会物质条件。众包让公司能够立即接触到背景、技能和知识千差万别的人群，且这些人几乎遍布整个地球。

A 平台采用众包模式，平台接包方是具有汽车维修技能的共享维修技师，到 2017 年注册技师接近 13 万人。在此期间，为了保证用户的问题能够得到众包技师的快速回答，A 平台采用了用户和技师之间自主匹配的问答模式。该种模式下用户在 A 平台进行汽修问题免费咨询，技师即接包方，可以自主选择问题并运用自己的经验及技术知识对用户提出的问题进行回答。用户免费提问，多个技师通过交互方式进行回复，用户采纳一个技师的回复，平台会对技师进行补贴，用户也可以自主选择是否"打赏"。随着用户数量和问答数据的上升，A 平台也遇到问答类虚拟社区通常会面临的问题：提问匹配不到合适的回答者、知识生产质量不高、优质回答不能得到及时正面的反馈、知识共享者的持续参与意向受到影响，因而平台需要采用新的技术策略解决提问和回答匹配的问题。为了激励技师回答问题，平台为其提供现金"打赏"，但随着回答量的增长，"打赏"开始捉襟见肘，平台开始寻求智能机器人代替技师提供回答。

二　人工智能技术应用

在上述问题中，用户的提问得到高质量回复是核心问题。为了解决这一问题，A 平台应用人工智能技术最终形成两类平台机器人：一是问答机器人，可以参与"知识问答社区"的问题回答；二是调度机器人，可以匹配提出的问题和回答问题的人，从而提高知识共享的质量。通过这些技术升级，A 平台创新出人工智能机器人参与众包的"智能众包"的技术策略，形成了"双维众包"模式。所谓双维众包，包括两个众包社区：第一维度的众包社区是面向客户的"知识问答社区"，第二维度的众包社区是以机器学习为目的的"信息标注社区"。

第一维度的众包发包方是"知识问答社区"平台的注册用户，在发包方提出问题后，平台方的"调度机器人"进行信息匹配，即问题信息与接包方的智能匹配；接包方除"人"之外，还加入"回答机器人"。平台方的知识管理和接包方的知识外在化为 A 平台的第二维度众包模式下的知识结构化管理提供了大量的数据支持，为统一知识的表达方式和进行知识二次生产起到了知识累积的作用（见表5-1）。

第二维度众包是以知识管理智能化为目标的众包。发包方、平台方和接包方分别为 A 平台运营商、"信息标注社区"和注册技师。A 平台运营商面向信息标注社区发布信息标记任务。任务内容是对人工众包模式下平台收集的问题信息和生成的回答信息进行信息标记，标记目的是将非结构化网络数据进行数据标注和统一的数据分类，应用于机器人平台的训练，在进一步优化匹配模型的同时，对获取的知识和信息进行处理形成知识图谱，实现知识的外在化，通过训练，将知识应用于更多场景中（见表5-2）。

表5-1　双维众包模式中第一维度众包的主体和行为

	主 体	行 为
发包方	A平台"知识问答社区"注册用户	提出问题、支付报酬
接包方	1. A平台注册技师、注册用户	回答问题、获取报酬
	2. 回答机器人	回答问题
平台方	1. A平台"知识问答社区"	支持问题的发布和回答
	2. 调度机器人	匹配接包方和发包方

表5-2　双维众包模式中第二维度众包的主体和行为

	主 体	行 为
发包方	A平台运营商	发布数据标记任务、支付数据标注报酬、生成知识图谱、训练回答机器人和调度机器人
接包方	A平台注册技师	标注数据、获取报酬
平台方	A平台"信息标注社区"	支持数据标记任务发布和结果收集

2018年4月，A平台实施"智能众包"和"二维众包"策略后，调度机器人和回答机器人上线，促进平台形成了良性循环：优质高效的知识得以输出，从而带来了良好的客户体验；良好的客户体验激发客户以奖金换取优质知识，良好的平台口碑带来更多的注册用户。技术转型之后的平台用户满意度及各项指标均有明显上升，好评率从72%上升至86%，用户再次提问率从7.8%上升至16.8%。A平台的应用实践证明了众包这一网络合作模式和人工智能技术在促进在线知识共享方面的有效性。

三　管理策略

（一）关键知识贡献者画像

本书的前半部分采用多种量化分析方法证实了在企业内部的知识

共享平台中，存在关键贡献者。在知识管理中，将这些关键贡献者识别出来并加以重点关注尤为重要。

AQA 平台的实践也说明了这一点。在平台建立初期，平台组织者将管理重点放在经销店上，采用 KPI 手段对每个经销商的提问和回答的数量进行要求，发现结果是"短期有效，后劲不足"，即对于初始参与有效，对于持续性参与动机的保持作用不足。鉴于这一研究发现，平台组织者对关键贡献者进行了界定，拉出了名单，将激励重点转向关键贡献者。通过给予荣誉等方式进行激励，前后测实验表明，激励措施有效，平台积分也保持了稳步上涨的趋势。

在智能众包平台中，关键贡献者画像也具有重要作用。A 平台根据技师的能力标签、客户评价标签和积分标签建立了关键知识贡献者的画像，并对这部分人予以标注，在调度机器人分配问题时给予优先分配，从而实现了对这些关键知识贡献者的精准激励。

（二）为关键知识贡献者赋能

在识别出这些关键贡献者之后，如何对他们进行精准激励和帮助？在本书中，与外部激励相关的因素，例如升职加薪、绩效提高、奖品都未包含于最终的知识共享影响因素模型中。个人对于组织的需求不是与金钱或者职位相关的外部激励而是"赋能"。

1. 提供及时的正向反馈

在促成因素中，教师反馈至关重要。在知识共享平台中，由技术专家及时对关键知识贡献者的贡献予以点评、赞许、反馈，可以增强他们的共享意向，同时提高其自我效能，为其带来成就感，自我效能和成就感都将提升其知识共享意向。

2. 线上线下兼容

在模型中提到工作兼容性也是重要的促成因素。因而，在制定虚拟社区的管理制度时，需考虑与实体组织管理制度的兼容性，如果能够使线上线下同步推进，彼此兼容，则能够显著地影响知识共享意向。

四　其他管理策略

（一）质量管理

随着 AQA 平台的发展，知识库逐步积累大量数据，截至 2020 年底，线上问题和回答已经达到 25600 条。如何保证 2 万多个问题的答案都是有效的技术解决方案？对于平台管理者来说，这不仅是知识质量管理的问题，也一直是管理制度设计的重点。常见的管理方法是衡量采纳数或者技术专家认证数。采纳数是回答被提问者或网友采纳的总数。认证数是回答问题被管理员进行官方认证后的答案数量。专家认证的要求是解答准确、详尽、专业，问答内容措辞规范，排版美观，阅读性强。但是随着问答量增长，这两种管理方法都面临新的问题。用户采纳出现了前述 A 平台的问题，例如不及时采纳，"采纳"由出题者主观点击，缺乏客观标准等。专家认证也出现了管理资源不足的窘境。对此，AQA 平台的组织者颇具创新性地提出了一个质量管理方法——实践验证。即在回答给出的一个月内，所有用户都可以对这一回答涉及的技术解决方案进行验证，平台通过一定的方法规定验证的程序来保证验证真实有效，如果验证成功，即该方案再次解决了同类技术问题，那么表明该技术方案是有效的。截至 2021 年 1 月，验证比例达到 81%，即在 25600 个问答中，有 81% 的回答已经得到了实践验证。通过这一方式，保证了知识的质量，实现了知行合一。

（二）付费提问模式探讨

通过对 A 平台的研究发现，采用付费模式显著提高了知识生产质量。A 平台的付费模式经历了一个变化的过程。平台建立之初是由平台方为回答者发红包以激励回答者；随着问题量的增长，红包所需预算增加，平台方无法支持，因而借助智能众包的方式，将免费提问模式转型至付费提问模式。在此模式下，激励知识共享的方式仍然是现金，只是激励提供方发生了变化，由平台方转为提问方，提问者为回答付费，这种模式更为接近典型的众包模式。在该模式发布后，尽管单日问题量由过去免费提问时的 22000 条/天降至最低 2000 条/天，总问题数量显著减少，但是无效问题量也随之减少，知识生产质量有所上升。激励提供主体的变化解决了平台提供激励的两个问题：一是激励的有效性问题。在平台激励模式下，众包结果的判断采用"用户采纳"方式。只有被采纳的答案才能获得平台奖金，如果提问题的用户不点击"采纳"按钮，回答者就不能获得奖金，这种情况时常发生，挫伤了知识贡献者的积极性。改为用户付费提问后，用户需要先支付费用，才能进行提问，调度机器人针对发包方的问题推荐一位回答技师，提问费用归属回答技师所有，确保了接包方的收益。二是激励的可持续性问题。由众包平台发放奖金对于平台来说是平台成本，如果平台运营方没有其他利润来源，那么这种激励是不可持续的。

　　当然，A 平台作为知识交易型平台，知识贡献者的初始参与动机就是用知识赚钱，物质激励是促使知识贡献者持续贡献知识的核心激励因素。而组织内的知识共享社区与 A 平台不同，其目标是构建学习型组织，提高组织的核心竞争力，因而组织内的知识共享社区往往是免费的，在知识共享管理措施上，却又面临着激励资源不足的问题。在专业知识密集的领域，知识和个人的财富与地位相关，为了获得专业知识，组织成员也屡有购买在线课程进行学习"充电"的自发行为。随着网络教育的发展和内容平台的建设，为知识付费的意识也开始为大众所接受，在组织内部引入付费型知识共享模式值得进一步探讨。

结　　语

一　首席教育官做什么？

本书以某汽车企业内部虚拟教育社区为研究对象，采用多种研究方法，倾力回答了一个问题：作为企业的首席教育官，如何在有限的资源下，为企业留存知识、培养人才？回答这个问题，一言以蔽之就是找到关键的知识贡献者，并激励之、服务之。

组织内部的知识共享一直面临着员工的共享意向薄弱、员工流失带来隐性知识流失、激励资源有限等问题，这些问题阻碍着企业的人才培养和创新发展，造成人力资本的重复投资。尤其是近年来，很多企业面临培训费用逐年削减的情况，人力资本投资收益的长期性和滞后性，使得企业在对员工培训进行投资时往往犹豫再三，当企业的预算减少时，企业教育的预算往往又首当其冲。因此，如何以最小的投入获得最大的知识产出，提高人力资本的投资收益成为企业教育工作者迫切需要解决的问题。本书聚焦关键贡献者的发现和画像，构建出知识共享影响机制模型，对于企业合理安排人力资本投资、降低成本、提高投资收益、提高知识生产的数量和质量都具有实践意义。

1. 企业教育层面，研究结论为企业内部数字化教育系统建设提供了借鉴

关键贡献者的人力资本画像以及人力资本要素对知识共享行为的

影响分析显示，个体人力资本优势是关键贡献者的核心特征，个体人力资本的数量和质量对知识共享行为具有促进作用。这一发现提示企业在构建数字化教育平台时，需要关注高技能者和管理者的参与，从而促进平台上的知识共享。针对知识共享机制的研究揭开了组织内部数字化教育平台的参与动机"黑箱"，证实了知识共享意向是由内因驱动而非外因驱动。这一结论提示，企业的数字化教育系统建设需要改变管理策略，从自上而下的绩效管理改为自下而上的承托赋能，从外部推动改为对内在动机的拉动，在平台内容设计和管理策略设计中重点关注为员工带来荣誉感、成就感和声望，能够为员工的知识共享提供及时正向的反馈，注重线上线下工作的兼容性，从而促进知识共享意向的增强，最终促成知识共享行为。本书在开展期间与项目组阶段性地分享研究结果，项目组将研究发现快速应用于实践并反馈结果。针对本书所发现的内在动机因子，项目组实施了相应的管理策略，对关键贡献者进行嘉奖以激发其荣誉感，通过前后测实验证实干预措施有效，具有实践推广价值。目前，该知识管理实践已得到所属跨国集团全球总部的关注。本书发现及管理经验已分享至总部，并在组织内部向全球进行推广，实现了产学研相结合。如果进一步向全社会推广，对于解决组织内部教育虚拟社区的知识管理困境，提高整个社会的知识生产能力，打造知识经济、打造学习型社会都具有参考价值。

2. 企业微观收益层面，有助于降低企业成本、提高人力资本投资收益、提高客户满意度

本书中关于企业教育虚拟社区的建设经验和知识共享促进机制的发现为组织内部降低教育成本、知识管理成本和人力资本投入提供了参考。组织成本降低由三种主要力量造成，包括最大限度地减少重复错误、提高知识利用率和促进更好的信息处理和判断力（Dixon，1992）。企业教育虚拟社区为个体的隐性知识转化为显性知识提供了

场域，为组织的显性知识得以反复利用和大规模传播提供了平台，通过平台中的数据库管理可以帮助组织过滤庞杂的信息，形成结构化知识，从而避免重复生产知识所需的成本，平台参与者通过对他人维修案例的学习，防止出现重复错误。同时，通过隐性知识向显性知识转化，将核心知识从员工个体中剥离出来，这在一定程度上避免了员工离职带来的组织知识损失，可以减少对人力资本的重复投资。

本书对于关键贡献者的识别和刻画可以使组织在安排知识管理投资时合理规划资源、有重点地激励关键人物、提高投资回报。这些关键贡献者兼具知识专家的自我效能感和组织管理者的引领使命感，不但在共享知识方面身先士卒，而且积极地为他人的知识贡献提供评价和赞许，对营造虚拟社区的共享文化、促进他人共享知识方面也发挥着重要作用，充分体现出人力资本的外部性。这一发现提示企业的培训管理人员在制定虚拟社区的管理策略时，可以按照用户的知识贡献度进行分层管理，准确识别出关键贡献者，对促进其进行知识共享的关键因素进行刺激和干预，从而提高知识共享的效能。

促使组织降低成本的三种力量也很可能帮助组织维护客户利益。例如，企业教育虚拟社区中来自一线的维修案例分享可以帮助维修技师及时掌握经过实践检验的维修知识，为维修过程中的"疑难杂症"提供"病例参考"，帮助一线工作人员最大限度地减少维修错误、提高维修质量。企业教育虚拟社区为组织知识留存提供了平台，结构化的知识库形成"维修字典"，维修人员遇到同样案例时可以随时查阅，从而加快维修速度，提高客户满意度。

3. 中观产业层面和宏观战略层面，对于我国汽车行业的技术发展和实践创新驱动发展战略具有重要意义

汽车行业被称为工业引擎，是技术创新的重要领域。以智能汽车、新能源汽车、汽车生态为标志的新时代正在开启。目前，我国汽车行业的自主研发能力还有待进一步提升，汽车行业的知识管理无论

从实践层面还是理论研究层面都较为薄弱。本书以某国际领先的汽车企业为研究对象，研究成果在汽车行业处于领先地位，总结其实践经验，对于汽车产业升级、打造国民经济核心竞争力、实践创新驱动发展的国家战略都有深远意义。

二　对学者说的话

在理论贡献方面，本书综合采用人力资本理论和 UTAUT 模型，在前人研究的基础上进行进一步分析和深化，为组织内部教育虚拟社区的知识共享行为研究建立了新的分析框架。研究发现丰富了人力资本理论的应用场景，发展了 UTAUT 模型，揭示了在组织内部、虚拟社区、问答平台的三重场域条件下，人们的共享意向和共享行为是如何被影响的，为揭示知识共享行为的影响因素、作用路径和效果提供了新视角。产出的模型和量表经过了实证检验，具有推广价值，丰富了知识共享领域的研究工具和研究模型，填补了组织内部教育虚拟社区知识共享研究方面的不足。

1. 前人文献或者研究人力资本与知识共享的相关性，或者研究知识共享的动力机制，尚未发现将两者相结合的研究

本书综合使用人力资本理论和 UTAUT 模型构建组织内部虚拟社区的知识共享影响机制模型，将教育经济理论与教育技术、教育心理分析相结合，不仅验证了人力资本对知识共享行为的影响，更进一步揭示了这一影响发生的动力机制，丰富了知识共享的研究视角、框架和结论。

（1）扩展了人力资本理论的应用场景，丰富了基于人力资本要素的知识共享相关研究。一直以来，人力资本理论广泛应用于对教育投资收益的研究，鲜少用于对知识共享的研究，可查阅到的实证研究文献不足百篇，尤其缺少组织人力资本对知识共享关系的研究。在研

究方向上，文献大多集中于知识共享对人力资本累积的研究，缺乏研究人力资本水平对于知识共享行为的影响。在人力资本要素构成和研究方法上，相关研究或基于个体人力资本或基于组织人力资本，多采用简单回归分析，尚未发现将个体和组织层面的人力资本结合起来构建多层线性模型研究对知识共享行为的影响。研究数据方面，由于人力资本数据大多是企业机密数据，以往研究几乎全部使用调查问卷收集收据，鲜少使用企业真实的人力资源数据。本书经过数月的努力，打通了所研究的 500 余家企业的人力资源数据、培训系统数据、组织特征数据，在此基础上从个体人力资本和组织人力资本两个层面上构建多层线性模型，分析人力资本对知识共享行为的影响，在一定程度上填补了组织内部基于人力资本视角研究知识共享领域的不足，所采用的分析框架、分析过程以及结论都具有创新性和参考价值。

（2）发展了 UTAUT 模型。虽然有学者将 UTAUT 模型用于虚拟社区的知识共享，但研究对象大多为社会开放性虚拟社区，在组织内部教育虚拟社区的知识共享研究中的应用还较为匮乏。本书在 UTAUT 基础之上构建组织内部教育虚拟社区的知识共享影响机制模型，研究结论与 UTAUT 模型相比具有较大差异。理论模型中的外部性影响因素（感知易用性、绩效期望、社会影响等），在本书中随着质性访谈、因子分析、结构方程分析的发展而最终被淘汰。而在 UTAUT 模型中未被包含的内在动机因子随着研究的进展而逐渐凸显，成为影响知识共享意向的两大因子之一。内在动机的二级因子——荣誉感、成就感、声望这些具有组织特征的心理动机在之前的文献中较少被讨论，本书元分析部分并未采集到，但在结论中成为内在动机的重要二级因子。研究结论体现出了鲜明的内在自主性特点，为组织内的知识管理提供了理论依据。该结论引发了对 UTAUT 模型适用边界的反思。UTAUT 模型自提出以来，由于其较高的解释力而得到广泛应用，本书发现证明，当 UTAUT 模型嵌入组织环境中，由于组织强势的外部约束和带有组织特征的心理动机作用，UTAUT 模型中的二级因子得以重构，模型最后回归于社会认知理论——影响因子最终收敛于促成因素和内在动机。因而，在将 UTAUT 应用于组织内部的分析时，需要慎重。

2. 验证了组织内部教育虚拟知识共享社区存在高密度共享行为，发现和刻画了关键贡献者的人力资本特征，丰富了对关键知识共享者的研究

以往的知识共享行为研究，大多聚焦组织外部的开放性社区中关键贡献者和潜水者的共享行为，缺乏对这两种人群特征的描述，尤其缺乏对其人力资本特征的描述。本书采用聚类分析确认了关键贡献者的存在，并对其人力资本特征进行了描绘，刻画出关键贡献者画像。研究结论丰富了虚拟社区知识共享行为的研究，为组织内部人力资本投资策略的制定提供了理论依据。

3. 聚焦知识共享机制的研究，研究重叠了三类场域，以此为前提研究知识共享机制

这三类场域包括：就组织形式而言，在组织内部和组织外部两种场域中，聚焦组织内部；就知识分享的技术场域而言，在线下和线上两种场域中，聚焦线上互联网虚拟社区；就知识共享平台类型而言，在创新社区、专题知识等各类知识共享平台中，聚焦知识问答型平台。目前聚焦这三类场域的知识共享研究比较匮乏。首先，由于数据可获得性的限制，目前对虚拟社区的知识共享主要集中于社会开放性平台，例如健康类知识共享论坛、微博、小红书、维基百科等，对于组织内的虚拟社区知识共享行为研究较少。本书的文献综述部分对近六年多的 48 篇文献进行了元分析研究，48 篇文献中聚焦组织内部知识共享研究的文献只有 6 篇。其次，知识问答型平台作为虚拟社区知识共享的一种典型方式，虽然得到了学者的关注，但是相关研究还比较匮乏。相比博客和讨论社区，一问一答的知识共享模式更具针对性

和便捷性，知识生产效率也更高，同时通过元分析研究发现问答型知识共享虚拟社区的知识共享意向影响因素与其他平台存在异质性，但纳入元分析的文献中就此类虚拟社区的研究均为开放性问答平台，全部以知乎为研究对象，未查询到关于组织内部问答平台的相关研究。综上所述，本书结合组织内部、虚拟社区、知识问答型平台场域进行研究，聚焦知识共享领域的研究思路，丰富了研究成果，最终形成的模型和量表经过实证检验，具有推广价值。

研究方法和研究技术方面，本书对多元数据采用了适当的研究方法进行分析。以往的研究大多采用单一的定量分析或定性访谈，本书采用定性研究和定量研究相结合的混合研究法，辅以文献元分析，综合采用元分析软件（CMA）、质性研究分析软件（NVIVO）、多层线性模型（HLM）、结构方程模型（AMOS）分别对文献数据、质性访谈结果、人力资本行政管理数据和问卷数据进行分析，将三种研究方法得出的结论互相结合。

在研究工具方面完成了知识共享量表的本土化改进。该量表以UTAUT 模型为基础，经过定性访谈和定量研究的不断修正，增加了荣誉感、成就感等内在动机相关的题项，通过探索性因子分析和验证性因子分析对原有题项进行了删减聚焦。新量表通过了信效度检验，具有推广价值，弥补了组织内部教育虚拟社区情境下测量工具的不足。

本书采用定性、定量相结合的混合研究法，力图多角度验证知识共享影响因素，但囿于数据的可获得性和时间的有限性以及笔者的理论水平，尚存一定局限性。

第一，结论的外部可推广性。前人的研究证实，组织文化影响知识共享（Nadae et al.，2017；Youndt et al.，2004；单泪源等，2009；李瑞，2017；申静等，2020；王国保，2010），本书所用的样本来源于某一汽车品牌内部维修在线问答平台，通过汽车行业的研究来推演组织内部的知识共享影响因素。虽然样本数据来自全国 500 余家经销商，一部分员工同时拥有跨品牌、跨组织的工作经验，但研究所形成的模型和结论仍然可能受到该汽车品牌组织内部文化和制度的影响，而局限了其可推广性。汽车行业的组织内部 AQA 平台发展还处于起步阶段，以目前行业情况来看，本书研究的 AQA 平台处于行业领先地位，尚无其他的同类平台可纳入样本进行研究，随着行业实践的发展，理论模型的完善还有待后续的跟进研究。

第二，关键变量的测量和样本选择有优化空间。关于人力资本构成要素，由于数据限制，本书考察了员工专业技能、能力、经验和受教育年限，前人研究认为，个体人力资本的组成要素还包括创造力、创新能力（Pasban et al.，2016；Weatherly，2003）、态度和智力敏捷性（Jurczak，2008），组织层面的人力资本还可以体现为员工整体的胜任力、敬业度（Hsu et al.，2007）。对于通用性人力资本，本书只考察了受教育年限，数据结构中样本受教育程度内部差异较小，未来可以进一步纳入更多的变量和样本进行研究。关于样本选择，本书聚焦关键贡献者，在定量研究中删除了积分为 0 的样本，未来可针对虚拟社区的潜水者进行专项研究，分析其不参与知识分享的原因，再将结论与关键贡献者进行对比研究，以获得更加全面的分析结论。

第三，由于不是实验设计，因此得出的是相关关系，而不是因果性关系，结论阐释应谨慎。人力资本与知识共享是相辅相成的。个体人力资本可以通过一定的知识共享机制转移到组织的所有成员，以充分发挥其潜力。有学者甚至提出人力资本的本质就是通过参与知识过程中的学习和干预，与组织内的其他员工共享知识（Vargas et al.，2016）。人力资本可以促进知识共享，同样，知识共享带来的知识增值也可以促进人力资本的积累（李瑞，2017；申静等，2020）。由于 AQA 平台使用期较短，尚不足体现人力资本积累的效应，因而只能观察人力资本水平对知识共享的单向影响。

三　谁更值得关注？

随着互联网技术和知识经济的发展，社会知识生产和知识交易蓬勃发展。专业领域的知识、自由支配的时间、接入互联网的条件和主动分享的热情使得人们的行为"从单纯对媒介的消费中转变过来"，进而有可能形成一场由平庸走向卓越的变革（克莱·舍基，2012）。互联网的发展打破了时间和空间的限制，加快了企业的知识更新和技术创新，为企业教育的技术革新、教育模式创新提供了广阔空间。更重要的是，国家提出创新驱动发展战略，要求产业升级，要求企业提高创新能力，这为企业教育的发展提供了新的政策契机，也提出了新的要求。教育的发展反映产业发展的要求，也为产业升级提供必要的人力资源基础（闵维方，2017）。在上述宏观背景下探讨知识共享和企业教育，必将拥有广阔的前景。本书研究了某汽车制造公司的内部知识共享平台，通过多种分析方式证实了企业内部教育虚拟平台中关键贡献者的存在，为企业教育者提供了"抓住关键少数"的管理策略建议。通过对比试验，这一措施也确实发挥了作用。随着实践的深入，有很多新问题涌现出来。例如，来自企业的灵魂拷问——谁更值得关注：关键的少数还是沉默的大多数。

一个常见的问题就是：如果我们把大部分的资源分配给关键贡献者，那么是否意味着放弃其他员工？

不同于社会开放性知识共享平台，企业内训平台承担着全体员工人力资本发展的责任。当企业为了追求人力资本效率而仅投资于关键贡献者的人力资本成长，是否意味着放弃了对大多数员工的关注？这涉及更深层次的问题，例如整体的利益与个体的利益、教育的效率与教育的公平。当然，通过本书的论述，我们可以说，激发关键少数人贡献知识，可以加速企业的知识库构建，从而惠及全体员工。然而下一个问题难于回答，即关键的少数人是否需要激励？如何激励？我们常说成就高者是自我驱动的，所谓"不待扬鞭自奋蹄"，本书的研究也证实了这一点，所有的外部激励对于成就高者的知识贡献作用失效，对于他们的管理策略是激发和赋能，并验证了关键贡献者的知识共享影响机制模型，这一模型对于非关键贡献者是否适用？如果不适用，激励他们共享知识的因素和机制又是什么？

另一个常见的问题是，"二八原则"这一稳定结构，为企业的人力资本投入提供了一个重要思路，即"抓关键"，但是，其也带来了新的问题：对企业来说，如何保持企业员工之间的竞争性和整体活跃度？企业总是希望所花费的每一分钱都有所回报，绩效高的员工越多越好，问题员工越少越好，如果绩效高的员工永远都是那些人，其他员工是否会选择"躺平"，从而使得企业的整体绩效停滞不前？对于个体来说，如何实现从"普罗大众"到"关键少数"的跃迁？企业教育又应该为他们提供何种帮助？这些问题都有待后续研究。

附　　录

附录一　变量定义与数据整理

一　变量定义

1. 因变量

采用个人积分（取 log）作为知识共享行为强度的表征指标。在平台上回答问题、发表分享是积分的主要来源，积分的多少与用户的知识共享行为强度存在关联，因此可以用作知识共享行为的表征指标。

2. 自变量

自变量包括组织人力资本和个体人力资本。在前人的研究中，对于个体人力资本变量的度量使用较多的要素包括个体的知识技能、经验、教育培训等。由于不同的职位代表了不同类型的能力，也有学者使用职位作为人力资本要素，例如赵爽等（2016）将人力资本按照企业家、研发人才和管理人才分类设计问卷题项。在本书的研究中，采用职位、工龄、受教育年限和技术认证代表个体人力资本要素。工龄体现了工作经验；职位反映了不同的能力；受教育年限体现了员工在入职前接受的正规教育程度，代表了其通用性技能；技术认证则代表了员工的企业专有性技能。

组织人力资本表现为组织整体的知识技能、能力、工作经验、受教育背景等（Cabello-Medina et al.，2011；Chowdhury et al.，2014；Crook et al.；2011；Blanco-Mazagatos et al.，2018；Yang et al.，2009；Youndt et al.，2004；王莉红等，2010）。在组织人力资本测量方面，前人的研究采用调查问卷的方式，或将其定义为组织员工个体人力资本的平均值（Bingley et al.，2004；de Grip et al.，2005；Hitt et al.，2001）。本书中的组织人力资本变量采用个体人力资本变量取平均值或占比的方式。具体要素包括该组织内的员工的平均受教育年限、平均工龄、各种技术认证所占比例、各种职位所占比例以及四个控制变量（企业所有制、企业开业年限、企业规模和平台用户数量）。

个体人力资本变量包括四个，分别为工龄、职位、技术认证和受教育年限。

（1）职位。售后技术相关职位包括各类技师、技术主管、车间主管和售后经理等（见表1）。就各个职位的知识水平情况而言，诊断技师和技术主管在车间中发挥着技术专家的作用，大部分技术主管肩负着技术专家和管理者的双重身份，以技术专家身份为主。他们中的很多人是由诊断技师或者系统技师发展而来的，不但在实践中积累了各种维修经验和对疑难杂症的处理技巧，还履行知识转化和分享的职责，回答技术员和维修技师的技术咨询。售后经理是售后部门的最高管理者，车间主管是所有维修技师的直接领导，部分经销商的总经理也注册了平台用户。

（2）技术认证。技术认证体现了员工的专业技术能力。该品牌的技术类认证由低到高分为三种：认证保养技师、认证系统技师、认证诊断技师（见表2）。由于诊断技师人数较少，本书将系统技师与诊断技师合并编码为高级认证，保养技师编码为初级认证，无认证人员统称学徒。

（3）受教育年限。根据样本的实际情况，共有四种教育背景，分别为中专、高中、大专、大学，按照学制进行折算、编码（见表3）。

表 1　售后技术相关职位分组

分组	职位	职位描述
技师	保养技师、系统技师及其他	一线技术工人
技术专家	技术主管、诊断技师	兼具专业工作和培训督导工作
管理人员	售后经理、总经理（部分）、车间主管	只从事人员管理工作，不再从事一线维修工作

表 2　技术认证分组

技术分组	认证情况
学徒	无认证
初级认证	认证保养技师
高级认证	认证系统技师、认证诊断技师

表 3　受教育背景及年限编码

教育背景	受教育年限
中专、高中	12 年
大专	15 年
大学	16 年

组织层面的自变量有四个，由个体人力资本变量计算而来。包括各类职位占比、各类认证占比、组织平均工龄、组织平均受教育年限。组织层面的控制变量有四个，包括企业所有制、企业开业年限、企业规模和平台用户数量。

各类职位占比：在同一经销商中，拥有各类职位的人数在同一经销商总观测人数中的占比，分别为技师占比、技术专家占比、管理者占比。

各类认证占比：在同一经销商中，拥有各类技术认证的人数在同一经销商总观测人数中的占比，分别为学徒占比、初级认证占比、高级认证占比。

组织平均工龄：在同一经销商中，所有观测人员的工龄平均值。

组织平均受教育年限：在同一经销商中，所有观测人员的受教育年限平均值。

组织层面控制变量包括企业规模、企业所有制、企业开业年限和平台用户数量。

企业规模：员工所在经销商的规模大小，按照经销商的建筑规模、销售规模和服务规模确定。按照严格的内部定级标准，共 11 个分类级别，编码时在原分类基础上进行了进一步聚类。

企业所有制：分为国有、外资和民营三种。

企业开业年限：经销商年龄值，采用 2021 年 5 月 1 日减去该经销商售后业务的开业日期。

平台用户数量：该组织中纳入统计的 AQA 平台用户数量。

综上所述，将变量进行编码如表 4 所示。

表 4　变量编码

变量		变量类型	单位	变量编码		变量缩写
因变量	积分值	连续	分数			POINT
一层自变量：个体人力资本	工龄	连续	年			WORKAGE
	职位	分类	无	技师 技术专家 管理人员	1 2 3	POSITION：职位 POSI1：技师 POSI2：技术专家 POSI3：管理人员
	受教育年限	连续	年			EDUYEAR
	技术认证	分类	无	学徒 初级认证 高级认证	1 2 3	SCERTI：认证 CERTI1：学徒 CERTI2：初级 CERTI3：高级
二层自变量：组织人力资本	组织平均工龄	连续	年			DWORKAGE
	组织平均受教育年限	连续	年			EDUAVE

续表

变量		变量类型	单位	变量编码		变量缩写
二层自变量：组织人力资本	组织各类认证占比	连续	百分比			DCERTI1：学徒占比 DCERTI2：初级认证占比 DCERTI3：高级认证占比
	组织各类职位占比	连续	百分比			DPOSI1：技师占比 DPOSI2：技术专家占比 DPOSI3：管理者占比
二层控制变量：组织特征	企业所有制	分类	无	国有	1	DNATURE
				外资	2	
				民营	3	
	企业规模	分类	无	小	1	DSIZE
				中	2	
				大	3	
				巨大	4	
	平台用户数量	连续	个			USERQ
	企业开业年限	连续	日			DAGE

二　数据整理

本书的数据来源分为两部分，见表5。

第一部分是人力资本数据及 AQA 平台的管理数据：本书结合某公司的内部项目，经多部门合作，面向分布在全国 240 多个城市的 500 余家公司进行了数据收集，收集的信息包括工龄、员工的受教育背景、职位、技术认证等人力资本信息，以及员工所在组织的开业年限、所有制、规模等信息。信息来源所涉及的部门包括人力资源部门、培训部门、售后服务部门、技术部门、商务管理部门、区域管理部门等。经过多个部门的协同，历时数月，完成了数据汇总、核对以及与内训平台信息的对接。能够获得这些数据殊为不易，对于这些宝贵数据进行分析，将进一步丰富知识共享机制和企业在线教育的研究成果。

　　人力资本变量数据和 AQA 平台管理数据分别来自三个表格：AQA 平台统计表、员工信息表、企业信息表。从 AQA 平台统计表中得到积分量、发帖量、评价量、点赞量、浏览量、每个组织的用户数量、员工编号、所在组织编号；根据员工编号匹配员工信息表，得到员工的工龄、职位、受教育年限和认证情况；根据组织编号匹配企业信息表，得到企业规模、开业年限、所有制和所在城市规模；根据员工个体的认证情况、工龄、受教育年限、职位分别计算出所在组织平均值或占比。根据多层线性模型分析的样本要求，组的数量至关重要。在实践中，30 组是可接受的最小数字，每组的样本数字是 5 个、30 个还是 50 个对收敛的影响不大（Maas et al.，2005）。本书按照每组至少 5 个样本要求，筛选出 161 个企业，共 1051 名员工作为观测值。第四章中的聚类分析和第五章中的人力资本要素分析，均以此 1051 个样本为数据基础。

　　第二部分是知识共享影响机制变量及数据。相关数据来源于调查问卷，包括 326 份预调研数据和 696 份正式调研数据。需要说明的是，此处的积分值数据来源与人力资本变量分析时不同，是来自调查者填写的，而非系统导出的。这是因为，为了使问卷调研的结果尽可能真实地反映回答者的观点，问卷采用了匿名填写的方式，在本书中，被试者经销商员工与知识共享平台建设者即厂家虽无行政隶属关系，但具有资源依赖性，同时厂家对其绩效评价具有影响力，因此在应答由厂商发出的问卷时，其主观回答易受到社会赞许的影响。应答者很容易表现出反应偏差、投其所好，按照对题目的社会价值判断而不是自己的实际情况做出回答。为了消除回答者的顾虑，使其真实地反馈自己的想法，问卷调研采取了完全匿名的填写，没有留下任何可辨识填写者身份的信息，因而也无法与数据库中的个体积分信息进行比对，积分值只能依据受访者填写值。同时，由受访者填写自己的积分值也保证了积分数据的提取时间点与员工的填写问卷时间一致。

表 5 本书数据来源

变 量			数据来源	数据用途	样本量
因变量	积分值（取 log）		AQA 平台统计表	1. 知识共享行为聚类分析 2. 人力资本要素 HLM 分析	1051 名员工 161 个经销商
自变量	个体人力资本	工龄、职位 受教育年限 技术认证	员工信息表		
	组织人力资本	各类职位占比 各类认证占比 平均受教育年限 平均工龄	根据个体信息计算		
	组织层面控制变量	平台用户数量	AQA 平台统计表		
		企业规模 开业年限 所有制	企业信息表		
因变量	积分值（取 log）		调查问卷	知识共享影响机制定量分析	预调研：326 正式调研：696 合计：1022
自变量	根据 UTAUT 模型、量表修订演进				

附录二　知识共享影响因素的元分析研究

元分析技术可以对既往多项研究成果进行整合分析，避免单一研究结果造成的测量误差（Lipsey et al.，2001）。同时，知识共享影响因素是多维度的，国内外研究者已探索出多种影响因素，这为元分析提供了量化基础。

对于虚拟社区知识共享影响因素的元分析，目前国内可查的一篇文献是曹树金和王志红在 2018 年发表的对虚拟社区知识共享意向与行为的影响因素及其调节变量的元分析研究。该文献针对 2016 年 10 月前发表的 39 篇文献进行了元分析研究，发现对知识共享意向与行为具有显著正向影响的因素分别有 10 个、14 个。对知识共享意向具有正向影响的因素包括：知识共享态度、知识共享自我效能、信任、可控性、描述性规范、主观规范、互惠性、利他主义、乐于助人、声誉；影响知识共享行为的因素包括：知识共享意愿、知识共享态度、知识共享自我效能、信任、互惠性、社区信任、成员信任、利他主义、共同语言、社会交互、动机、身份认同、结果期望、主观规范。同时，社区类型和研究情境具有一定的调节效应。

本书借鉴了曹树金和王志红（2018）研究的成果和思路，与之相比有以下三个方面的不同。一是更新了文献。本书检索范围是发表时间在 2015 年至 2021 年 1 月的文献，基本对上述元分析纳入的文献（2016 年 10 月前）形成承继，为该领域研究提供最新的洞见。二是结合本书重点，在纳入文献时，重点关注知识问答社区的研究。三是在探讨既往研究结论差异时，重点观察了知识问答社区与其他类型社区的差异以及组织内虚拟社区与社会开放型共享社区的差异。虽然曹树金和王志红的元分析研究在调节效应的选择上也采用了平台类型，但平台分为关系型社区和非关系型社区，与本书存在差异。

一 文献筛选及编码

元分析的具体步骤包括：第一步，文献检索策略，设定文献纳入标准，检索筛选文献；第二步，提取数据；第三步，统计分析：描述性统计、效应量计算、出版偏倚检验（采用失效安全系数）、异质性检验（采用 I^2）、异质性显著则进行调节因素分析。第四步，结论及讨论。

1. 文献纳入与排除标准

根据元分析方法的要求，结合本书研究目的，指定文献纳入标准，对已有文献进行二次筛选。纳入元分析研究的标准制定为：研究方法为实证研究；构建了知识共享影响因素模型，并以知识共享影响因素为自变量，以知识共享意向或共享行为为因变量，报告各自变量与因变量之间皮尔逊相关系数以及路径分析的显著性结果；研究对象是虚拟社区；研究之间样本独立；样本量明确；按照影响因素的出现频率进行筛选，要求同一影响因素的出现频率大于等于 3，以满足元分析的要求。根据上述纳入与排除标准，最终纳入元分析的文献 48篇，其中英文文献 15 篇，中文文献 33 篇。

2. 文献编码

本书对纳入元分析的文献进行编码，对于每项研究，记录以下信息。

文献信息：作者姓名、发表时间、文献类型（包括期刊、论文、会议等）。

样本量：样本框架中包含的受访者数量。

虚拟社区类型：对文献研究的虚拟社区类型进行分类汇总，包括创新社区、交易型社区、社会问答平台、社交平台（例如 QQ、微信、微博）、众包社区、专题知识社区（例如健康讨论平台、小红书、旅游知识讨论平台）、专业知识社区（例如学术类知识分享社区）、综合社区（综合类在线讨论平台或研究未设定具体社区类型）。

自变量名称：自变量是影响知识共享的因素。为了便于分析，对某些影响因素进行了统一，例如声望和声誉，系 reputation 的翻译，在编码时统一为声望；信任感、信任统一为信任；利他和利他主义统一为利他等。在统一编码时参考了文献所使用的理论基础和文献对影响因素的解释，以确保编码标准化的准确性。

因变量名称：因变量是知识共享意向和知识共享行为。对因变量名称进行标准化。将知识共享意向、共享意愿、持续知识共享意愿、知识转移意愿统一为共享意向；将共享行为、持续知识共享行为统一为共享行为。个别文献同时研究了不同类型知识的共享影响因素，如隐性知识共享意向和显性知识的共享意向，编码时都进行了记录，在元分析时结合本书的研究重点选取了隐性知识的共享意向。

因果关系：对于知识共享影响因素模型中的路径研究的显著性结果进行记录，记录方式为"是""否"。"是"表示该自变量对知识共享意向或行为具有显著性影响，"否"反之。

本书选择相关系数作为效应量的值，记录每个自变量与因变量之间的相关系数。

编码结果：研究对象所在区域方面，国内研究 39 篇，国外研究 8 篇。就虚拟社区的社会属性而言，有 42 篇的研究对象是社会开放性虚拟社区，5 篇是组织性虚拟社区。就平台类型而言，占比最大的是专业知识平台，11 篇；其次是社会问答平台、专题知识类平台、社交平台，各 9 篇（见表 6）。

表 6　纳入元分析的文献

作者（发表时间）	样本量	文献类型	区域	虚拟社区类型	虚拟社区属性
Zhou，T.（2018）	335	期刊	中	专题知识	社会性
Zhang，X. et al.（2017）	363	期刊	中	社会问答平台	社会性
Zhang，D. P. et al.（2017）	516	期刊	中	创新社区	社会性

续表

作者（发表时间）	样本量	文献类型	区域	虚拟社区类型	虚拟社区属性
Park, J. et al. (2018)	141	期刊	外	专业知识	社会性
Liao, T. H. (2017)	176	期刊	中（台湾）	社交	社会性
Lee, K. H. et al. (2016)	410	期刊	外	交易	社会性
Kumi, R. et al. (2019)	144	期刊	外	综合	社会性
Kang, Y. J. et al. (2017)	183	期刊	外	专业知识	组织性
Kang, K. et al. (2018)	359	期刊	外	综合	社会性
Jeon, H. G. et al. (2020)	296	期刊	外	专题知识	社会性
Hoseini, M. et al. (2019)	161	期刊	外	社交	社会性
Hao, Q. et al. (2019)	219	期刊	中	虚拟组织	组织性
Ham, C. D. et al. (2019)	342	期刊	外	社交	社会性
Guan, T. et al. (2018)	3000	期刊	中	社会问答平台	社会性
Chumg, H. F. (2016)	131	期刊	中（台湾）	虚拟组织	组织性
左莉（2017）	334	硕士论文	中	社会问答平台	社会性
段珊珊（2020）	153	硕士论文	中	专业知识	社会性
钟玲玲等（2020）	313	期刊	中	专业知识	社会性
缪运（2020）	468	硕士论文	中	专题知识	社会性
秦琴（2020）	388	硕士论文	中	专题知识	社会性
陈昊伟（2020）	381	硕士论文	中	专题知识	社会性
张宸瑞（2016）	378	硕士论文	中	社会问答平台	社会性
李力（2017）	220	期刊	中	专业知识	社会性
丁青（2020）	281	硕士论文	中	社交	社会性
王东东（2020）	113	硕士论文	中	专业知识	组织性
谭旸等（2020）	164	期刊	中	社会问答平台	社会性
孙顺达（2020）	213	硕士论文	中	专业知识	社会性
彭琦（2020）	412	硕士论文	外	社会问答平台	社会性
刘虹等（2020）	382	期刊	中	专业知识	社会性

作者（发表时间）	样本量	文献类型	区域	虚拟社区类型	虚拟社区属性
岳宇君等（2020）	667	期刊	中	专业知识	社会性
洪武军（2019）	226	硕士论文	中	社交	社会性
孙瑜（2019）	334	硕士论文	中	众包社区	社会性
唐婷（2019）	306	硕士论文	中	社会问答平台	社会性
刘宁（2019）	269	硕士论文	中	专业知识	社会性
马如霞（2019）	339	硕士论文	中	社会问答平台	社会性
范哲等（2019）	326	期刊	中	社交	组织性
孙成江等（2019）	284	期刊	中	综合	社会性
刘洁（2019）	231	硕士论文	中	专题知识	社会性
王超超（2019）	329	硕士论文	中	社交	社会性
罗嘉颖等（2018）	209	期刊	中	专业知识	社会性
王辰星（2017）	364	硕士论文	中	社会问答平台	社会性
张克永等（2017）	204	期刊	中	专题知识	社会性
杨陈等（2017）	263	硕士论文	中	社交	社会性
王玮（2017）	295	硕士论文	中	综合	社会性
俞蔚（2017）	413	硕士论文	中	内部咨询社区	组织性
张蒙（2016）	405	期刊	中	专题知识	社会性
秦丹（2016）	196	硕士论文	中	专题知识	社会性
金丹（2015）	241	期刊	中	社交	社会性

注：篇幅有限，表中只列出了第一作者，详见参考文献。

二　效应量及模型选择

1. 效应量选择

选用 CMA 3.0（Comprehensive Meta-analysis 3.0）软件进行元分析，采用相关系数（r）作为效应量。为降低研究情境及样本带来的研究结果偏差，根据样本量对相关系数进行了加权平均，同时使用 CMA 软件将相关系数（r）值转换为 Fisher-Z 效应值均值在相关性分析中进行计算和比较。

2. 模型选定

元分析提供两种效应模型：固定效应模型或随机效应模型，当不同研究特征会影响元分析结果时，选用随机效应模型更加科学合理（Borenstein et al.，2009）。因此，本书采用随机效应模型进行元分析。

三　知识共享意向影响因素元分析

1. 相关性分析

在随机模式下，知识共享意向影响因素效应量结果如表 7 所示。对于效应量大小的划分标准并无严格的准则，需结合具体研究判定。Cohen(1977) 和卢谢峰等(2011) 都提出过判定标准来判定关系强度，如表 8 所示。其中 Cohen（1977）的标准应用较广，本书采用此标准进行判断并得出结论：所有影响因素与知识共享意向之间的关系在 0.05 的水平上显著。绩效期望的 r 值为 0.455，属于一般显著；其他影响因素的 r 值为 0.501 ~ 0.634，高度显著地影响知识共享意向，其中利他的 r 值最高。

表 7　知识共享意向影响因素效应量结果

结果变量	N	Fisher's Z	r	Lower limit	Upper limit	Z-Value	p-Value
互惠	1566	0.557	0.506	0.483	0.630	14.870	0.000
绩效期望	1145	0.491	0.455	0.172	0.810	3.020	0.003
利他	1366	0.748	0.634	0.579	0.916	8.696	0.000
群体规范	1178	0.554	0.503	0.292	0.816	4.144	0.000
认同	881	0.638	0.563	0.248	1.027	3.211	0.001
声望	1047	0.617	0.549	0.180	1.055	2.768	0.006

结果变量	N	Fisher's Z	r	Lower limit	Upper limit	Z-Value	p-Value
态度	1526	0.596	0.534	0.385	0.806	5.539	0.000
信任	2714	0.559	0.507	0.441	0.677	9.286	0.000
主观规范	2638	0.550	0.501	0.411	0.689	7.757	0.000
自我效能	2863	0.642	0.566	0.466	0.819	7.133	0.000

注：k=文献数量；N=k 个研究的累积被试数量；r=根据样本大小修正后的加权平均相关系数；Lower Limit 和 Upper Limit 在 95% 置信区间内的内下限值与上限值。以下表同。

表 8　效应量显著性判定标准

r	效应量标准	
	Cohen(1977)	卢谢峰等(2011)
高度显著	r>0.5	r>0.8
一般显著	r>0.3	r>0.5
低显著	r>0.1	r>0.2

2. 出版偏倚检验

出版偏倚（Publication Bias）指的是纳入元分析的相关文献不能系统全面地代表该领域已经完成的研究总体（Rothstein et al.，2006）。元分析软件提供了多种方法检验出版偏倚。本书通过漏斗图（Funnel Plot）和失败安全系数检验（Rosenthal's Classic Fail-safe N）来分析出版偏倚情况。

首先采用漏斗图（Funnel Plot）检查发表偏差，见图1。从漏斗图来看，被研究文献基本分布于总效应量两侧，表明各影响因素与知识共享意向的研究不存在严重的发表偏倚。漏斗图仅供主观角度初步检查，尚需采用失败安全系数检验对出版偏倚进行精确判定。表9表明，所有失败安全系数对应文献数量的比率 FSR 均远大于 1，表明样本具有代表性，不存在出版偏倚。

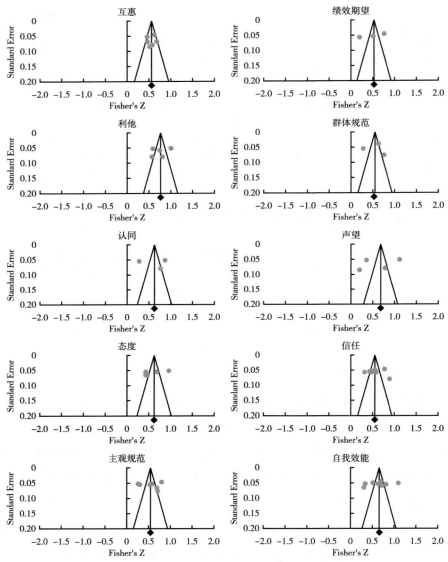

图 1 知识共享意向相关文献漏斗图

表 9 知识共享意向影响因素相关文献失败安全系数

结果变量	k	Classic Fail-safe N	FSR
互惠	6	710	17.75
绩效期望	3	225	9.00

续表

结果变量	k	Classic Fail-safe N	FSR
利他	5	966	27.60
群体规范	3	253	10.12
认同	3	260	10.40
声望	4	430	14.33
态度	5	716	20.46
信任	8	1681	33.62
主观规范	8	1590	31.80
自我效能	8	2462	49.24

注：k = 文献数量；FSR = （$Fail\text{-}safe\ N$）／（$k \cdot 5 + 10$）［据 R. Rosenthal 的建议，$Fail\text{-}safe\ N$ 的值应该大于（5·文献数量+10）所获得的值，即 $FSR>1$］。以下表同。

3. 异质性检验

异质性检验用于检验不同文献研究之间测得的效应量是否异质。知识共享意向影响因素相关文献异质性检验结果如表 10 所示。依据 Higgins 等（2003）判断异质性的标准，$I^2 > 75\%$，表示高异质性；在 $25\% \sim 50\%$ 表示中度的异质性问题。表 10 结果表明，除互惠因素外（$p = 0.072$），各研究之间效应值的 Q 检验均显著（$p < 0.001$），且 I^2 值为 $89.564\% \sim 97.925\%$，表示研究间存在异质性。互惠与知识共享意向之间 I^2 值虽然较低，为 50.638%，介于中度和高度异质之间，显著性虽未达 0.05，但已达 0.07，可基本判定元分析中各效应值均是异质的。

表 10　知识共享意向影响因素相关文献异质性检验结果

结果变量	k	Q	df	p	I^2(%)
互惠	6	10.129	5	0.072	50.638
信任	8	67.077	7	0.000	89.564
利他	5	38.330	4	0.000	89.564
主观规范	8	90.724	7	0.000	92.284
态度	5	69.097	4	0.000	94.211

续表

结果变量	k	Q	df	p	I^2(%)
群体规范	3	35.730	2	0.000	94.402
自我效能	8	160.145	7	0.000	95.629
绩效期望	3	59.143	2	0.000	96.618
认同	3	65.012	2	0.000	96.924
声望	4	144.610	3	0.000	97.925

4. 调节效应检验

异质性检验发现，各研究之间的效应值均呈高异质性，可能存在显著的调节变量。由于本书在检验整体效应时采用随机效应模型，同时又存在异质性，所以应用随机效应模型进行调节效应检验。

本书的研究对象是问答型知识共享社区，故采用社区类型作为调节因素分析异质性的来源。将虚拟社区类型划分为问答型社区和非问答型社区。分类后有五个自变量（绩效期望、利他、声望、群体规范、认同）组内文献数量小于2，不参与调节分析。仅对 k 大于等于2 的五个变量（互惠、态度、信任、主观规范、自我效能）进行分析。结果显示互惠和态度自变量所对应的组间差异值均在 0.01 的水平上显著（见表 11）。就相关性而言，问答型社区的态度因素与知识共享意向的相关系数较非问答型社区高，说明其对知识共享意向影响的强度更高；在互惠因素中，这一强度对比结果相反，问答型社区的互惠因素对知识共享意向的影响比非问答型社区弱。

表 11　知识共享意向影响因素相关文献调节效应分析

变量	同质性分析			类别	k	N	效应值及 0.95 置信区间			双尾检验	
	Q 组间	df	p				r	下限	上限	Z	p
互惠	7.668	1	0.006	其他	4	990	0.546	0.501	0.589	19.177	0.000
				问答	2	576	0.436	0.367	0.500	11.156	0.000
态度	7.067	1	0.008	其他	3	811	0.416	0.357	0.471	12.530	0.000
				问答	2	715	0.674	0.501	0.796	5.975	0.000

四　知识共享行为影响因素分析

1. 相关性分析

由表 12 可见，所有影响因素与知识共享行为之间的关系均在 0.01 的水平上显著。感知有用性的 r 值为 0.300，位于一般显著的临界点上；其他影响因素的 r 值在 0.520~0.621，高度显著地影响知识共享行为，其中信任对知识共享行为的影响最高，相关性达到 0.621。

表 12　知识共享行为影响因素相关分析结果

结果变量	N	Fisher's Z	r	Lower limit	Upper limit	Z-Value	p-Value
感知有用性	1221	0.310	0.300	0.158	0.430	4.042	0.000
共享意向	2838	0.695	0.601	0.476	0.703	7.680	0.000
互惠	1087	0.609	0.544	0.381	0.674	5.739	0.000
绩效期望	1244	0.583	0.525	0.301	0.693	4.205	0.000
利他	775	0.576	0.520	0.365	0.647	5.841	0.000
信任	4415	0.727	0.621	0.329	0.805	3.703	0.000
自我效能	3098	0.613	0.546	0.432	0.643	7.974	0.000

2. 出版偏倚检验

从漏斗图和失败安全系数检验（见表 13、图 2），被研究文献基本分布于总效应量两侧，表明各影响因素与知识共享行为的研究不存在严重的出版偏倚。失败安全系数对应文献数的比率 FSR 均远大于 1，不存在出版偏倚。

表 13　知识共享行为影响因素相关文献失败安全系数

结果变量	k	Classic Fail-safe N	FSR
感知有用性	5	151	4.314
共享意向	8	2866	57.320
互惠	3	282	11.280
绩效期望	4	443	14.767
利他	3	194	7.760
信任	6	1392	34.800
自我效能	10	3059	50.983

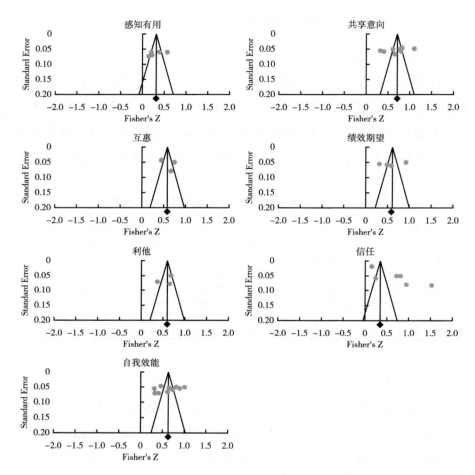

图 2　知识共享行为相关文献漏斗图

3. 异质性检验

知识共享行为影响因素相关文献异质性检验结果如表 14 所示。I^2 值为 85.164% ~ 99.035%，p 值均小于 0.001，表示研究间存在显著高度异质性。采用平台类型以及平台所在区域（中外）进行调节效应研究，随机效应模型的组间差异均不显著。

表 14　知识共享行为影响因素相关文献异质性检验结果

结果变量	k	Q	df	p	I^2(%)
感知有用性	5	28.042	4	0.000	85.736
共享意向	8	160.280	7	0.000	95.633
互惠	3	21.933	2	0.000	90.882
绩效期望	4	70.530	3	0.000	95.746
利他	3	13.481	2	0.000	85.164
信任	6	517.905	5	0.000	99.035
自我效能	10	161.610	9	0.000	94.431

4. 元分析结论

根据上述元分析研究，虚拟社区知识共享意向和共享行为的影响因素影响强度如图 3 所示。影响知识共享意向的因素有 10 个：绩效期望、主观规范、群体规范、互惠、信任、态度、声望、认同、自我效能和利他。除绩效期望影响强度一般外，其他因素对知识共享意向都具有强影响，知识共享行为的影响因素有 7 个，包括感知有用性、共享意向、互惠、绩效期望、利他、信任、自我效能。除感知有用性具有一般性影响外，其他因素对知识共享行为具有高度显著影响。由表 15 可见，有 5 个因子对共享意向和共享行为都具有影响，分别为利他、绩效期望、信任、互惠和自我效能。这一分析结论对于本书的模型设计具有借鉴意义。

此外，平台类型在互惠、态度与知识共享意向的关系中有调节作用，知识问答型平台与其他平台存在异质性，说明这一类型的平台在知识共享影响因素研究方面具有独特价值。又因异质性分析采纳了随机效应模型，该结论具有推广意义。目前的文献对于问答型平台的研究都集中在开放性知识问答平台上，纳入元分析的所有文献均以知乎为研究对象。本书在知识问答型平台这一平台类型的基础上，进一步限定了研究的场域是组织内部，研究结论将会带来新的启示。

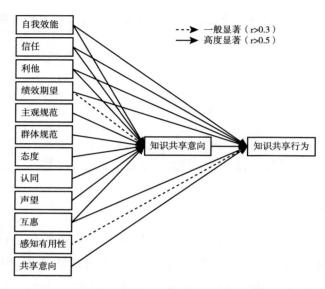

图 3 虚拟社区知识共享意向和共享行为的
影响因素及影响强度

表 15 知识共享影响因素元分析汇总

共享意向		共享行为	
结果变量	r	结果变量	r
利 他	0.634 ***	利 他	0.520 ***
绩效期望	0.455 **	绩效期望	0.525 ***
信 任	0.507 ***	信 任	0.621 ***
互 惠	0.506 ***	互 惠	0.544 ***
自我效能	0.566 ***	自我效能	0.546 ***
态 度	0.534 ***	共享意向	0.601 ***
声 望	0.549 **	感知有用性	0.300 ***
认 同	0.563 **		
主观规范	0.501 ***		
群体规范	0.503 ***		

注：*** $p<0.001$，** $p<0.01$。

附录三　访谈大纲

访谈时间			
姓名		公司名称	
电话			
职位		工龄	
认证情况			

请您介绍一下您自己：职位？在贵公司工作几年了？您现在的认证情况？

您在什么情况下会浏览、使用 AQA（提问，回答，分享）？使用时间和频率如何？

关于知识共享动机：

1. 是什么因素促使您在 AQA 上回答问题？
2. 请问您的初始参与动力是什么？
3. 持续参与动力是什么？
4. 绿荫计划对线上分享是否有影响？
5. 积分是否促进了您的参与？
6. AQA 平台进行哪些功能改进能促进您提问题、回答问题和分享经验？
7. 如果您使用 AQA 越来越少，可能的原因是什么？
8. AQA 功能改版前后，参与度有变化吗？
9. 分享经验给其他人会对您造成困扰或顾虑吗？
10. 增加什么样的激励机制会促进分享？

附录四 预调研结果探索性因子分析

一 预调研样本特征描述性统计

对 326 份预调研样本进行描述性统计，结论如表 16 所示。职位分布方面，以技师和技术专家为主体，累计占比达到 85.9%。其余为售后管理人员，累计占比 14.1%；技师认证方面，不同使用者所具有的认证数量有别，有人拥有多个认证，因此此项总量超过 100%。有 67.8% 的平台使用者通过了高级认证，28.2% 通过了初级认证，以高级认证者居多。区域分布方面，有效问卷参与者东区、南区、西区和北区占比分别为 28.8%、20.9%、21.8% 和 28.5%。样本区域分布基本均衡。工龄分布方面，主要分布在 6~10 年，占比 47.5%。

表 16 预调研样本特征描述性统计

		n	百分比（%）
职位	技师	136	41.7
	技术专家	144	44.2
	售后管理人员	46	14.1
认证	学徒	13	4.0
	初级技术认证	92	28.2
	高级技术认证	221	67.8
区域	东区	94	28.8
	南区	68	20.9
	西区	71	21.8
	北区	93	28.5
工龄	1~5 年	72	22.1
	6~10 年	155	47.5
	11~15 年	69	21.2
	15 年以上	30	9.2

二　预调研信效度分析结果

1. 信度分析

通过 SPSS "分析" 栏目的 "标度" 模块下的 "可靠性分析"，进行运算。信度系数克伦巴赫 α（Cronbach's α）系数为 0.906，说明量表所得到的结果有很高的一致性和稳定性，选择 "删除后的 Alpha"，所有题项的系数均低于或等于 0.906，因而不予删除。

2. 效度分析结果

效度检验采用探索性因子分析得出的因子载荷来测量收敛效度和区分效度。因子分析需满足几个条件：一是变量都是连续变量；二是样本量不低于 200 个，同时样本量是题项的 5 倍。本书采用李克特 7 点式问卷，所有变量均为连续变量；有 326 个样本，题项 27 个，样本量高于题项的 5 倍，也高于 200 个；满足因子分析的要求。

探索性因子分析还包含 KMO 检验和巴特利特（Bartlett's）球形检验。KMO（Kaiser-Meyer-Olkin）检验统计量是用于比较变量之间简单相关系数和偏相关系数的指标。KMO 用来描述统计分析样本大小是否足够用于分析研究提供可持续结果，需在因子分析前测量。KMO 值越接近于 1，意味着变量间的相关性越强，样本量足够，原有变量越适合作因子分析。如果 KMO 值高于 0.8，则说明非常适合进行因子分析；如果此值介于 0.7~0.8，则说明比较适合进行因子分析；如果此值介于 0.6~0.7，则说明可以进行因子分析；如果此值小于 0.6，说明不适合进行因子分析。

运行 SPSS 探索性因子分析功能，KMO 为 0.872，说明数据间关联性强，适合做因子分析。巴特利特球形检验显著性 $p<0.01$，说明符合标准，数据呈球形分布，各个变量在一定程度上相互独立。

3. 探索性因子分析

预调研探索性因子分析及信效度检验结果如表 17 所示。以载荷系数 0.6 以上为标准，采用最优斜交法，删除相差 0.1 以内的双载荷因子，共得到 13 个题项，其中"共享意向"题项将在结构方程中作为共享意向的测度项，因而不参与探索性因子分析。除此题项外，共 12 个题项被分为三个公因子组。表 16 也将作为最终形成的《组织内知识共享影响因素量表》来进行正式调研。该量表所有因子载荷大于 0.6，建构效度良好，总方差解释达到 65.93%，表明提取出的三个公因子可以解释原始变量的总变异的 65.93%。三个公因子的组合信度值均大于 0.8，平均方差抽取量均大于或等于 0.6，模型内在质量理想。方差膨胀因子（VIF）值均低于 10，不存在共线性问题。

表 17　预调研探索性因子分析及信效度检验结果

题　目	维度	因子载荷	α	CR	AVE	VIF
用 AQA 平台进行知识共享与我工作的各个方面都是兼容的		0.84				
有技术老师在平台上点评、互动,这对我分享知识有促进作用		0.83				
在使用 AQA 平台的过程中能够得到技术支持和指导,这对我分享知识有促进作用	公因子一	0.77	0.86	0.90	0.64	1.50
我认为自己有能力提供同事们觉得有价值的知识		0.82				
我可以通过多种终端设备使用 AQA 平台,这促使我持续使用 AQA 平台		0.74				
我使用 AQA 平台是因为:进行知识共享可以提高我的工作表现,例如提高效率,提高质量,提高绩效,使工作变得简单		0.86				
我使用 AQA 平台是因为:在 AQA 平台上分享我的知识能支持其他同事	公因子二	0.86	0.80	0.87	0.70	1.51
AQA 平台是简单易用的,我可以很快学会使用,这对我使用 AQA 平台有促进作用		0.78				

续表

题　目	维度	因子载荷	α	*CR*	*AVE*	*VIF*
我使用 AQA 平台是因为:在该平台上分享知识使我产生荣誉感	公因子三	0.88	0.78	0.86	0.60	1.68
在我的组织中,相比不使用 AQA 平台的人而言,进行知识共享的人更有声望		0.82				
我使用 AQA 平台是因为:使用 AQA 平台分享知识能够使我产生成就感		0.77				
使用 AQA 平台是因为我喜欢攻克技术难题的感觉		0.61				

4. 相关性分析

对预调研区分效度分析及各变量相关系数进行分析（见表 18），相关系数全部低于 AVE 的平方根，区分效度良好。

表 18　预调研区分效度分析及各变量相关系数

	公因子一	公因子二	公因子三
公因子一	0.80		
公因子二	0.46**	0.83	
公因子三	0.55**	0.43**	0.78

注: ** $p < 0.01$。

附录五　调研问卷

AQA 平台使用者调查

亲爱的经销商伙伴，感谢您一直以来使用 AQA 平台，以及对 AQA 平台的使用和做出的贡献。您可以通过本次调查帮助我们了解有哪些关键因素影响大家在 AQA 平台上的知识共享意图和行为。同时，也会将您的反馈用于 AQA 平台的未来开发和优化。我们非常重视您的反馈，并再次感谢您为 AQA 平台的改进做出的贡献。

请您仔细阅读每一个题目和选项，答案不存在对错之分，请务必根据自己的理解和实际情况做出回答。您的答案将完全保密，并仅用于公司内部工作改进和研究使用。

提示：问卷中大部分题目为评分题，1 分代表完全不同意，4 分代表中立，7 分代表完全同意，从 1 到 7 同意程度逐渐加深。问卷共计 14 题，全部完成大约 10 分钟。

1. 您目前的职位是？［多选题］
○技师　　　　　　○技术员/内训师　　　　○技术组长
○技术主管　　　　○车间主管　　　　　　○售后经理
○保修员　　　　　○保修主管
2. 公司内认证情况？［多选题］
○认证保养技师　○认证系统技师　○认证诊断技师　○无认证
3. 您的年龄是？［填空题］

4. 您的工作年限是？_____年 ［填空题］

5. 您所在的区域是？［单选题］

　　○北区　　　　　　　○东区　　　　　○南区　　　　　○西区

6. 您在 AQA 平台的积分是_____　［填空题］

我愿意使用 AQA 进行知识共享是因为：

1. 可以提高我的工作表现，例如提高效率，提高质量，提高绩效，使工作变得简单。［单选题］

	1	2	3	4	5	6	7	
完全不同意	○	○	○	○	○	○	○	完全同意

2. 在 AQA 上分享我的知识能支持其他同事。［单选题］

	1	2	3	4	5	6	7	
完全不同意	○	○	○	○	○	○	○	完全同意

3. AQA 平台简单易用，我可以很快学会使用。［单选题］

	1	2	3	4	5	6	7	
完全不同意	○	○	○	○	○	○	○	完全同意

4. 使用 AQA 分享知识能够使我产生成就感。［单选题］

	1	2	3	4	5	6	7	
完全不同意	○	○	○	○	○	○	○	完全同意

5. 我喜欢攻克技术难题的感觉。［单选题］

	1	2	3	4	5	6	7	
完全不同意	○	○	○	○	○	○	○	完全同意

6. 在该平台上分享知识使我产生荣誉感。［单选题］

	1	2	3	4	5	6	7	
完全不同意	○	○	○	○	○	○	○	完全同意

7. 在我的组织中，相比不使用 AQA 平台的人而言，进行知识共享的人更有声望。［单选题］

	1	2	3	4	5	6	7	
完全不同意	○	○	○	○	○	○	○	完全同意

8. 在使用 AQA 的过程中能够得到技术支持和指导，这对我分享知识有促进作用。［单选题］

	1	2	3	4	5	6	7	
完全不同意	○	○	○	○	○	○	○	完全同意

9. 用 AQA 进行知识共享与我工作的各个方面都是兼容的。［单选题］

	1	2	3	4	5	6	7	
完全不同意	○	○	○	○	○	○	○	完全同意

10. 我使用 AQA 是因为：我认为自己有能力提供同事们觉得有价值的知识。［单选题］

	1	2	3	4	5	6	7	
完全不同意	○	○	○	○	○	○	○	完全同意

11. 有技术老师在平台上点评、互动，这对我分享知识有促进作用。［单选题］

	1	2	3	4	5	6	7	
完全不同意	○	○	○	○	○	○	○	完全同意

12. 总的来说，我愿意在 AQA 上分享知识。［单选题］

	1	2	3	4	5	6	7	
完全不同意	○	○	○	○	○	○	○	完全同意

13. 我可以通过多种终端设备使用 AQA。［单选题］

	1	2	3	4	5	6	7	
完全不同意	○	○	○	○	○	○	○	完全同意

14. 如果您对 AQA 平台有任何的想法和建议，欢迎在这里进行反馈：［填空题］

_____

附录六　知识共享影响机制的结构方程模型检验

正式调研基于预调研形成的量表进行。正式调研抽样规则、问卷回收后对有效样本的筛选规则与预调研基本一致，首先，删除 0 积分用户，仅余知识贡献者，将剩余用户按照东、南、西、北四个区分配，再由四个区的技术负责人手工筛选出 AQA 平台中配合度高、参与度高、认证级别高的用户，每个区筛选出 400 名用户，共发出 1600 份问卷，收到 1038 份答卷，再删除低质量答复，最终保留 696 份有效问卷。

一　正式调研样本特征描述性统计

以 696 份有效问卷为正式调研样本，正式调研样本特征描述性统计如表 19 所示。样本中职位为技师的群体占比为 42.4%，技术专家占比为 44.3%，与技师群体旗鼓相当，技师和技术专家占到全部样本量的绝大多数，合计 86.7%。高级技术认证占主体，达到 69.3%，工龄在 6 年以上的达到 78%，工龄较长，综合判断样本的人力资本水平较高。区域分布方面较为均衡，各区样本占比均为 20%～30%，样本具有区域代表性。

表 19　正式调研样本特征描述性统计

		n	百分比（%）
职位	技师	295	42.4
	技术专家	308	44.3
	售后管理人员	93	13.3
公司内认证	学徒	30	4.3
	初级技术认证	184	26.4
	高级技术认证	482	69.3

		n	百分比（%）
区域	东区	190	27.3
	南区	157	22.6
	西区	149	21.4
	北区	200	28.7
工龄	1~5 年	153	22.0
	6~10 年	335	48.1
	11~15 年	149	21.4
	15 年以上	59	8.5

二　测量模型分析

本书在预调研中通过探索性因子分析形成了修正的量表和验证模型。为了验证该因素结构模型是否与实际数据适配，在正式研究中以修正后的"组织内知识共享影响因素量表"为工具，重新抽样，选取合计有效样本 696 个，采用 AMOS 软件进行验证，其中观测变量对应量表中的相应题项，采用题项标签命名；潜变量名采用验证模型中的一级因子名。取值采用探索性因子分析形成的因子得分。标准化估计输出结果如下。

在一阶验证性因子分析中，12 个测量指标的因子载荷量介于 0.60~0.87，皆大于 0.50，而小于 0.95，表示基本适配指标理想。"促成因素"五个测量指标的因子载荷量分别为 0.80、0.80、0.76、0.80、0.61，"预期收益"测量题项的因子载荷量分别为 0.62、0.87、0.72，"内在动机"四个测量指标的因子载荷量分别为 0.65、0.86、0.60、0.74。上述因素负荷量均大于 0.60，说明模型的基本适配度良好。

1. 相关性

区分效度分析及各变量相关系数如表 20 所示。内在动机和促成因素之间的相关系数为 0.55，促成因素与预期收益的相关系数为 0.46，内在动机与预期收益之间的相关系数为 0.55，全部在 0.01 水平上显著，均低于 AVE 的平方根，区分效度好。

表 20　区分效度分析及各变量相关系数

	促成因素	内在动机	预期收益
促成因素	0.76		
内在动机	0.55**	0.72	
预期收益	0.46**	0.55**	0.74

注：$p<0.01$，对角线的值为 AVE 的平方根。

2. 信效度检验

在 SEM 分析中以组合信度为模型潜变量的信度系数。另外一个与组合信度类似的指标为平均方差抽取量（Average Variance Extracted，AVE），平均方差抽取量可以直接显示被潜在二级因子所解释的变异量有多少是来自测量误差，平均方差抽取量越大，指标变量被潜在变量二级因子解释的变异量百分比越大，相对的测量误差就越小，一般的判别标准是平均方差抽取量要大于 0.50。信度及聚合效度检验结果如表 21 所示。三个潜变量的组合信度值分别为 0.87、0.79、0.81，均大于 0.7；平均方差抽取量分别为 0.58、0.55、0.52，均大于 0.5，说明模型内在质量理想。最后，采用方差膨胀因子（VIF）检验多重共线性，三个变量的 VIF 值为 1.44~1.83，低于 10，不存在共线性问题。

表 21　信度及聚合效度检验结果

测量指标	因子载荷（R）	α	组合信度（CR）	平均方差抽取量（AVE）	方差膨胀因子（VIF）
技术支持	0.80				
工作兼容性	0.80				

续表

测量指标	因子载荷（R）	α	组合信度（CR）	平均方差抽取量（AVE）	方差膨胀因子（VIF）
自我效能	0.76				
教师反馈	0.80				
多种终端	0.61	0.86	0.87	0.58	1.52
简单易用	0.62				
利他	0.87				
提高绩效	0.72	0.77	0.79	0.55	1.83
声望	0.65				
荣誉感	0.86				
成就感 1	0.60				
成就感 2	0.74	0.79	0.81	0.52	1.44

3. 模型适配度及验证性因子分析

根据 AMOS 输出结果，将验证性因子分析的验证结果整理成表 22 至表 24，检验结果如下。（1）一阶验证性因子分析模型的基本适配指标均达到检验标准，表示估计结果的基本适配指标良好，没有违反模型辨认规则。（2）在假设模型内在质量的检验方面，组合信度大于 0.7，平均方差抽取量大于 0.5，整体而言，模型的内在质量尚称理想。（3）在整体模型适配度的检验方面，绝对适配指标、增值适配指标与简约适配指标统计量中，所有适配指标值均达模型可接受的标准，在自由度等于 51 时，模型适配度的卡方值等于 210.03，卡方自由度比小于 5.0，CFI、NFI、TLI、IFI 均大于 0.90，RMSEA 小于 0.08，模型适配度尚可。

整体而言，"组织内知识共享影响因素量表"一阶验证性因子分析模型与实际观察数据的适配情形良好，即模型的外在质量佳，测量模型的收敛效度佳。

表 22　基本适配度检验

评价项目	检验结果数据	模型适配判断
是否没有负的误差变异量	均为正数	是
因素负荷量是否介于 0.5 至 0.95	0.60 至 0.87	是
是否没有很大的标准误	0.02 至 0.1	是

表 23　模型内在质量检验

评价项目	检验结果数据	模型适配判断
所估计的参数均达到显著水平	P 值均小于 0.001	是
潜在变量的平均抽取变异量大于 0.50	0.52 至 0.57	是
潜在变量的组合信度大于 0.60	0.78 至 0.87	是

表 24　模型拟合度

模型拟合指标	χ^2	df	χ^2/df	RMSEA	CFI	NFI	TLI	IFI
模型	210.03	51	4.12	0.07	0.96	0.94	0.94	0.96

三　结构模型分析

根据预调研后形成的验证模型在 AMOS 中绘制结构方程模型。结构方程模型有两个基本模型：测量模型（measured model）与结构模型（structural model）。在本书中，包括测量模型和结构模型，同时包含显性变量和潜变量、外因变量与内因变量。

测量模型包括"促成因素"、"预期收益"和"内在动机"三个外因潜变量。外因潜变量"促成因素"有五个测量指标变量："技术支持""工作兼容""自我效能""教师反馈""多种终端"。外因潜在变量"预期收益"有三个测量指标变量："简单易用""利他""提高绩效"。外因潜变量"内在动机"有四个测量指标变量："声望""荣誉感""分享知识成就感""克服技术难题成就感"。

结构模型中，外因变量相当于自变量（independent variables），内因变量是指在模型当中会受到任一变量影响的变量。在路径分析图中内因变量相当于因变量（dependent variables），也就是路径分析中箭头所指的地方。本模型中，"共享意向""共享行为"为内因潜变量，也是显性变量；在分析"共享意向"对"共享行为"的影响作用时，共享意向是在外因潜变量，共享行为是内因潜变量。潜变量路径分析模型中，若是潜变量只有一个测量指标变量，表示显性变量可以全部反映其潜在特质二级因子。只有一个显性变量的潜变量，在路径分析中通常直接以显性变量表示，此种显性变量可能是量表测得的潜在特质的测量值总分或某个层面的分数，分数的测量值反映某个潜在特质，分数越高，表示显性变量反映潜在二级因子的能力越强。本模型中，以积分的 log 值代表知识共享行为，积分越高，反映知识共享的行为强度越高。以"共享意向"题项为"共享意向"的观察变量。两个变量名称为"共享意向""共享行为（积分）"。根据验证模型，添加五条路径，分别为促成因素→共享意向，促成因素→共享行为，预期收益→共享意向，内在动机→共享意向，共享意向→共享行为。综上所述，知识共享结构方程模型如图 4 所示。

1. 正态性评估

Amos 内定的估计法为最大似然（ML）法，研究证实 ML 法在大多数情境下，其参数估计结果较其他方法为佳。ML 法进行参数估计的前提假设是数据必须符合多变量正态性假定，因而在 SEM 分析前，有必要对观察数据变量进行正态性检验。正态性的评估结果显示，在模型中，除"提高绩效"外，所有变量的峰度系数均未大于 8，偏度系数均小于 3，且"提高绩效"的峰度系数小于 20。整体正态性尚可接受。

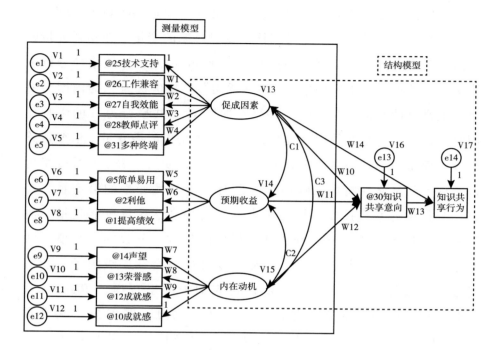

图 4　知识共享结构方程模型

2. 模型调整

下列路径系数中，有三条路径未达显著性水平，包括"共享意向←预期收益""共享行为←促成因素""共享行为←共享意向"。其中"预期收益"外因变量对"共享意向"内因变量的路径标准化回归系数为 -0.02，估计标准误为 0.13，临界比值为 -0.31。临界比绝对值小于 1.96，显著性概率值 $p = 0.76$，高于 0.05，未达显著水平；"共享行为←促成因素"标准化回归系数为 0.05，估计标准误为 0.12，临界比值为 1.15，小于 1.96，显著性概率 $p = 0.25$，高于 0.05，未达显著水平。在路径分析中，可以把没有达 0.05 显著水平的路径删除。根据上述分析，删除两条路径——"共享意向←预期收益""共享行为←促成因素"。路径"共享行为←共享意向"显著性为 0.08，略高于 0.05，由于该路径在原 UTAUT 模型中是较为重要的一条路径，所以暂时保留该路径不予调整（见表 25）。删除"预期收益"对"共享意向"路径，删除"促成因素"对"共享行为"路径，进行模型调整。调整后的知识共享结构方程模型如图 5 所示。

表 25　修正前模型标准化回归系数表

			Estimate	S.E.	C.R.	p
共享意向	←	促成因素	0.26	0.14	4.85	***
共享意向	←	内在动机	0.18	0.08	3.38	***
共享意向	←	预期收益	-0.02	0.13	-0.31	0.76
技术支持	←	促成因素	0.80			
工作兼容	←	促成因素	0.80	0.05	22.66	***
自我效能	←	促成因素	0.76	0.06	20.93	***
教师反馈	←	促成因素	0.80	0.05	22.63	***
提高绩效	←	预期收益	0.72			
利他	←	预期收益	0.87	0.07	18.22	***
简单易用	←	预期收益	0.62	0.06	14.50	***
成就感	←	内在动机	0.74			
成就感	←	内在动机	0.60	0.05	14.54	***
荣誉感	←	内在动机	0.86	0.06	20.07	***
声望	←	内在动机	0.65	0.06	15.84	***
多种终端	←	促成因素	0.62	0.06	16.41	***
共享行为	←	共享意向	0.07	0.04	1.78	0.08
共享行为	←	促成因素	0.05	0.12	1.15	0.25

注：S.E.：回归标准误；C.R.：临界比值，非标准化回归系数值除以估计值的标准误，临界比值的绝对值如大于 1.96，表示估计值达到 0.05 显著水平；*** $p<0.001$。以下表同。

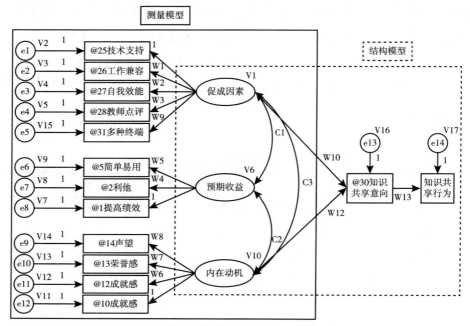

图 5　调整后的知识共享结构方程模型

3. 路径系数

采用最大似然估计法运行模型，得到非标准化模型路径和标准化模型路径（见图 6、图 7）。

修正后模型标准化回归系数如表 22 所示。"共享意向"对"共享行为"的直接效果路径系数显著性 p 值为 0.02，在 0.05 的水平上显著；其他路径系数均在 0.001 水平上显著回归，且路径系数值均为正数，表示其对效标变量直接影响效果为正向。

路径分析结果表明，"内在动机"显著正向影响共享意向，促成因素显著正向影响共享意向，共享意向显著正向影响共享行为。其中，促成因素的标准化回归系数为 0.26，略高于内在动机的标准化回归系数为 0.17，共享意向对共享行为的标准化回归系数为 0.09，在三条路径中最低。其他路径系数为观测变量因子载荷值。促成因素

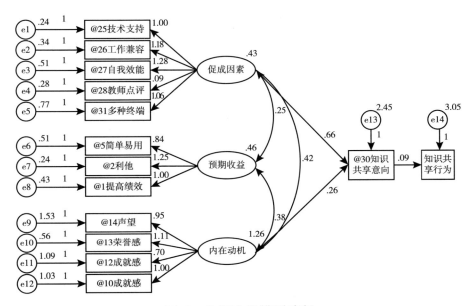

图 6　非标准化模型路径

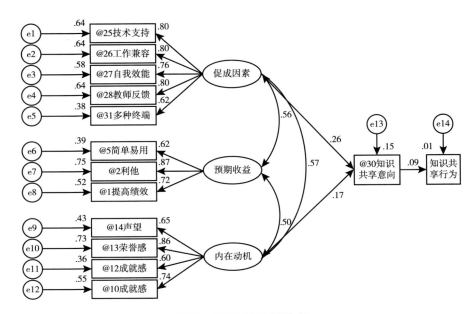

图 7　标准化模型路径

的五项潜变量中，技术支持、教师反馈、工作兼容的因子载荷较高，均达到 0.80；内在动机的四项潜变量中，荣誉感的因子载荷最高，达到 0.86（见表 26）。

表 26　修正后模型标准化回归系数

			Estimate	S. E.	C. R.	p
共享意向	←	促成因素	0.26	0.13	5.19	***
共享意向	←	内在动机	0.17	0.08	3.44	***
技术支持	←	促成因素	0.80			
工作兼容	←	促成因素	0.80	0.05	22.69	***
自我效能	←	促成因素	0.76	0.06	20.92	***
教师反馈	←	促成因素	0.80	0.05	22.64	***
提高绩效	←	预期收益	0.72			
利他	←	预期收益	0.87	0.07	18.23	***
简单易用	←	预期收益	0.62	0.06	14.50	***
成就感	←	内在动机	0.74			
成就感	←	内在动机	0.60	0.05	14.54	***
荣誉感	←	内在动机	0.86	0.06	20.07	***
声望	←	内在动机	0.65	0.06	15.84	***
多种终端	←	促成因素	0.62	0.06	16.41	***
共享行为	←	共享意向	0.09	0.04	2.39	0.02

注：*** $p < 0.001$。

4. 模型拟合度

整体模型适配度检验的卡方值在自由度为 73 时为 282，卡方自由度比值（CMIN/DF）为 $3.87 < 5.00$，$RMSEA = 0.06 < 0.08$，CFI、NFI、TLI、GFI、IFI 均大于 0.90，表示整体模型的适配情形良好，假设模型与实际数据适配度可接受（见表 27）。

表 27　模型拟合度

模型拟合指标	χ^2	df	χ^2/df	RMSEA	CFI	NFI	TLI	GFI	IFI
模型	282	73	3.87	0.06	0.94	0.93	0.93	0.95	0.95

附录七　内在动机激励策略前后测实验

本书发现，内在动机因素是关键贡献者共享知识的重要动机。知识共享影响机制表明，内在动机的测量变量有三个，分别是声望、荣誉感、成就感（分享获得的成就感和攻克难题获得的成就感）。因子载荷最大的是荣誉感，达到 0.86。本书选取"荣誉感"作为自变量，采用嘉奖的方式进行前后测实验，探讨对虚拟社区知识共享行为的激励策略。

一　实验设计

1. 实验变量

本实验选取荣誉感作为自变量，干预方式就是对被试授予荣誉。采用积分作为因变量，考察共享行为变化的指标。

2. 被试的选择

样本的基本条件是具备代表性，为了获得有代表性的样本，常用方法是随机抽样。通过定量研究发现，积分排名前 20% 的用户贡献了超过 80% 的积分，是主要的知识贡献者，对他们进行激励，资源的利用效率最高。故本实验聚焦绩优组，按照积分筛选后再通过随机抽样的方法选择被试。

3. 实验设计

实验类型按自变量的数目分，可分为单因素实验设计、双因素实验设计和多因素实验设计，本实验为单因素设计。实验方法采用前后测设计，这一设计是最为简单、最为典型的实验设计。所谓前后测设计是在引入自变量之前，在反应变量上测试被试，以前测分数为基线，将实验前后测分数之差进行比较，称为"变化分数"，用变化分数评价自变量处理的效果，观察因变量变化情况是否显著。对于前后测设计，在选择和运用统计检验之前，先计算出各组本身的变化分数，然后使用 SPSS t 检验进行验证。

二 实验实施

本实验的样本选自积分绩优组，按照 2020 年 5~11 月的积分总分排名，筛选出每个区排名前四的参与者，全国有北、东、南、西 4 个区，共计 16 人。对于筛选出来的优胜者，通过经销商大会的方式公布获奖人员信息，由厂商技术部负责人为其颁发奖状。经销商大会由全国所有该汽车品牌售后工作人员参与，共计约 2000 人，在组织内部具有较高的影响力，获奖者的荣誉感较强。

三 实验数据分析

在 16 名获奖者中随机抽取 10 名，将这 10 名获奖者 2020 年 5~11 月平均每周的积分值作为颁奖前的周积分值，选取 12 月每周的积分值作为测试后的积分值。10 名获奖者嘉奖前后周积分平均值如表28 所示。

表 28　10 名获奖者嘉奖前后周积分平均值

被试	积分		平均值差（前-后）
	前	后	
1	604	999	−395
2	392	692	−300
3	317	499	−182
4	358	567	−209
5	320	600	−280
6	313	112	201
7	704	716	−12
8	485	871	−386
9	397	486	−89
10	654	762	−108

　　对匹配差值进行正态性检验，结果接受原假设，配对数据的差值满足正态分布。使用 SPSS 分析里的比较均值，配对样本 t 检验可以研究在有无荣誉感干预两种状态下，样本在周积分方面的差异。检验结果显示，嘉奖后的积分平均值高于嘉奖前的积分平均值，嘉奖后比嘉奖前高出 176 分，在 95% 的置信水平下，周积分值差异在 -307 分和 -45分之间（前-后）。t 检验统计量观测值对应的双侧概率 p 值为 0.014，意味着嘉奖前与嘉奖后的积分平均值在 5% 的显著性水平上存在显著差异，嘉奖后每周的积分平均值显著高于嘉奖前，可以认为嘉奖具有显著的促进分享行为的效果，配对样本检验结果见表 29。

表 29　配对样本检验结果

			配对 1 前-后
配对差值	平均值		-176.000
	标准差		182.755
	标准误差平均值		57.792
	差值95% 置信区间	下限	-306.735
		上限	-45.265
	t		-3.045
	自由度		9
	Sig.（双尾）		0.014

附录八　UTAUT 模型二级因子、测度项及
实证检验结果

UTAUT 理论为本书提供了初始框架。在研究的过程中，笔者详细研读了 Venkatesh 等（2003）提出 UTAUT 理论的原文献 *User Acceptance of Information Technology*：*Toward a Unified View*，对该文进行了翻译和整理，以下是翻译、节选和整理的成果。

一　模型二级因子及测度项（见表30）

表 30　模型二级因子及测度项

绩效期望：二级因子、定义和测度项

二级因子	定义	测度项
感知有用性 （Davis，1989； Davis et al.，1989)	一个人相信使用某一特定系统能提高其工作绩效的程度	1. 在工作中使用该系统可以使我更快地完成任务 2. 使用这个系统可以提高我的工作绩效 3. 在工作中使用这个系统会提高我的生产力 4. 使用这个系统会提高我的工作效率 5. 使用这个系统会使我的工作更简单 6. 我发现这个系统对我的工作很有用
外在动机 （Davis et al.，1992)	用户想要执行某项活动，因为该活动被认为有助于实现活动本身以外的有价值的结果，例如提升工作绩效、薪酬或升职	与技术采纳理论中感知有用性相同（同上述1~6项）

续表

绩效期望：二级因子、定义和测度项

二级因子	定义	测度项
工作匹配 （Thompson et al., 1991）	系统具有提高个人的工作绩效的功能	1. 使用系统对我的工作表现没有影响（反向计分） 2. 使用该系统可以帮助我在履行重要工作职责时减少时间 3. 使用该系统可以显著提高我的工作中产出质量 4. 使用该系统可以提高执行工作任务的效率 5. 使用该系统，在同等的工作付出下，我会增加产量 6. 考虑到所有任务，系统的使用可以在多大程度上协助工作
相对优势 （Moore et al., 1991）	和该系统的前身相比，使用该创新技术，在何种程度上会更好	1. 使用该系统使我能够更快地完成任务 2. 使用该系统提高了我的工作质量 3. 使用该系统使我的工作更容易 4. 使用该系统提高了我的工作效率 5. 使用该系统可以提高我的生产力
结果预期 （Compeau et al., 1995；Compeau et al., 1999）	结果预期与行为的后果相关。据实证研究，可分为绩效期望（与工作相关）和个人期望（与个人目标相关）。UTAUT 模型因子分析表明，这两个维度可合并为一个因子	如果我用这个系统 1. 我会提高工作效率 2. 我会在日常工作上花更少的时间 3. 我将提高工作产出质量 4. 在同等的工作付出下，我会增加产量 5. 我的同事会认为我有能力 6. 我将增加升职的机会 7. 我将增加加薪的机会

付出期望：二级因子、定义和测度项

二级因子	定义	测度项
感知易用性 （Davis 1989；Davis et al., 1989）	认为使用一个系统不费力的程度	1. 学习操作这个系统对我来说很容易 2. 我发现很容易让系统做我想做的事 3. 系统的交互是清晰易懂的 4. 我发现系统具有灵活的交互能力 5. 对我来说，熟练地使用这个系统是很容易的 6. 我发现系统易于使用

续表

付出期望：二级因子、定义和测度项

二级因子	定义	测度项
复杂性 （Thompson et al.，1991）	认为一个系统被相对难以理解和使用的程度	1. 使用该系统占用了我很多日常工作时间 2. 使用该系统非常麻烦，很难理解 3. 使用该系统需要花费大量时间进行手动操作（例如，数据输入） 4. 学会使用这个系统的时间太长了，得不偿失
易用性 （Moore et al.，1991）	认为使用这个创新系统难以使用的程度	1. 与系统的交互是清晰易懂的 2. 让系统做我想让它做的事情是很容易的 3. 总的来说，我相信该系统易于使用 4. 学习操作这个系统对我来说很容易

社会影响：二级因子、定义和测度项

二级因子	定义	测度项
主观准则 （Ajzen，1991； Davis et al.，1989； Fishbein et al.，1975； Mathieson，1991； Taylor et al.，1995a，1995b）	个体认为大多数对他重要的人都认为他应该或不应该做出的行为	1. 那些能够影响我行为的人认为我应该使用这个系统 2. 对我很重要的人认为我应该使用这个系统
组织影响 （Thompson et al.，1991）	个体对参照群体主观文化的内在化，以及个体在特定社会情境中与他人达成的特定人际协议	1. 我使用这个系统是因为大部分同事在使用这个系统 2. 高层管理人员支持我使用这个系统 3. 我的上司非常支持我在工作中使用这个系统 4. 总体来说，本组织支持使用该系统
声望 （Moore et al.，1991）	通过采纳这个新技术来提升一个人在社会体系中的形象或地位的程度	1. 在我的组织中，相比不使用系统的人而言，使用这个系统的人更有威望 2. 在我的组织里，使用这个系统的人有较高的声望 3. 在我的组织中，拥有这个系统是身份的象征

续表

促成因素:二级因子、定义和测度项

二级因子	定义	测度项
感知行为控制 (Ajzen, 1991; Taylor et al., 1995a, 1995b)	反映了对行为内外部约束的感知,包括自我效能、资源促进条件和技术促进条件	1. 对于使用这个系统,我有掌控力 2. 我有必要的资源来支持我使用这个系统 3. 我有使用这个系统所必需的知识 4. 如果给我使用这个系统所需要的资源、机会和知识,我就会很容易地使用这个系统 5. 这个系统与我使用的其他系统不兼容
支持因素 (Thompson et al., 1991)	外界环境中的客观因素,这些因素可以促进行为很容易地完成,例如提供计算机	1. 在选择这个系统时,我得到了指导 2. 我可以得到关于这个系统的专门指导 3. 特定的人(或团体)可以帮助解决这个系统相关的问题
兼容性 (Moore et al., 1991)	该新技术与潜在用户的现有价值、需求和经验的一致性程度	1. 使用该系统与我工作的各个方面都是兼容的 2. 我认为使用该系统很适合我,是我喜欢的工作方式 3. 使用该系统符合我的工作风格

使用技术的态度:二级因子、定义和测度项

二级因子	定义	测度项
对行为的态度 (Davis et al., 1989; Fishbein et al., 1975; Taylor et al., 1995a, 1995b)	个人对执行某项目标行为的积极或消极的感受	1. 使用这个系统是个好/坏主意 2. 使用这个系统是一个愚蠢/明智的想法 3. 我喜欢/不喜欢使用这个系统 4. 使用该系统令人愉快/不愉快
内在动机 (Davis et al., 1992)	用户希望执行某项活动,单纯是因为做事情感到愉悦	1. 我觉得使用这个系统很愉悦 2. 系统的实际使用过程是愉快的 3. 使用这个系统很有乐趣
使用情感(情绪影响) (Thompson et al. 1991)	感到开心、愉悦、兴高采烈;或感到抑郁,不愉快,或因某人某事而厌恶	1. 该系统使工作更有趣 2. 用这个系统工作很开心 3. 系统对一些工作来说还可以,但不是我想要的那种工作(负向指标)

续表

二级因子	定义	测度项
情感（兴趣爱好）（Compeau et al., 1999）	个人对某项行为的喜好	1. 我喜欢使用这个系统 2. 我对于能用到这个系统的工作内容充满期待 3. 使用这个系统让我很沮丧（负向指标） 4. 每次我一开始用这个系统，就欲罢不能 5. 我使用这个系统时很快就会感到厌烦（负向指标）

使用技术的态度：二级因子、定义和测度项

二 UTAUT 模型的结论（见表31）

表 31 UTAUT 模型的结论

因变量	自变量	调节因子	解释
行为意向	绩效期望	性别、年龄	绩效期望决定意向：影响效果因性别和年龄而异，对男性和年轻人更强烈
	付出期望	性别、年龄、经验	付出期望对意向的影响受性别、年龄的影响，对女性和年长的工人来说更为显著，而这些影响随经验的增加而减少
	社会影响	性别、年龄、经验、自愿	社会影响对意向的影响取决于所有四个调节因素，在不包含调节因素的情况下对数据进行分析时，社会影响对意向的影响是不显著的
使用行为	促成因素	年龄、经验	促成因素对使用的影响只有在与年龄和经验的调节作用相结合时才显著
	行为意向	无	直接影响

参考文献

阿尔文·托夫勒：《第三次浪潮》，朱志焱等译，生活·读书·新知三联书店，1983。

贝克尔：《人力资本理论：关于教育的理论和实证分析》，郭虹等译，中信出版社，2007。

曹树金、王志红：《虚拟社区知识共享意愿与行为的影响因素及其调节变量：元分析研究》，《图书情报工作》2018年第8期。

柴欢、阮建海：《旅游社交网站用户信息共享行为影响因素研究——以"马蜂窝"旅游网为例》，《图书情报工作》2019年第13期。

陈昊伟：《"知乎"的共享文化对用户知识共享意愿的影响及提升策略》，硕士学位论文，华中师范大学，2020。

陈劲、赵闯、贾筱、梅亮：《重构企业技术创新能力评价体系：从知识管理到价值创造》，《技术经济》2017年第9期。

陈丽蓉：《道德推脱、道德认同与利他行为的关系研究》，硕士学位论文，天津大学，2018。

陈向明：《质的研究方法与社会科学研究》，教育科学出版社，2004。

丹尼尔·贝尔：《后工业社会的来临》，高铦等译，新华出版社，1997。

丁青：《在线协作学习中学习者知识共享行为影响因素研究》，

硕士学位论文，华中师范大学，2020。

段珊珊：《教师网络学习共同体的知识共享及其影响因素研究》，硕士学位论文，哈尔滨师范大学，2020。

范哲、刘奔：《用户人格特质对虚拟社区信息分享行为的影响研究——以基本心理需要为中介变量》《现代情报》2019 年第 11 期。

方建：《建设项目业主方组织文化、知识共享对项目绩效的影响研究》，博士学位论文，同济大学，2013。

冯小亮、黄敏学：《众包模式中问题解决者参与动机机制研究》，《商业经济与管理》2013 年第 4 期。

耿瑞利、申静：《不同文化视域下社交网络用户知识共享行为动机研究》，《中国图书馆学报》2019 年第 1 期。

工业和信息化部、国务院国有资产监督管理委员会：《关于开展深入推进宽带网络提速降费 支撑经济高质量发展 2019 专项行动的通知》（工信部联通信〔2019〕94 号），2019。

郭捷、王嘉伟：《基于 UTAUT 视角的众包物流大众参与行为影响因素研究》，《运筹与管理》2017 年第 11 期。

郭宇：《基于信息生态视角的新媒体环境下企业知识共享研究》，博士学位论文，吉林大学，2016。

国家统计局：《中国统计年鉴 2018》，中国统计出版社，2018。

洪武军：《虚拟社区感对众包社区用户知识共享的影响研究》，硕士学位论文，江西师范大学，2019。

胡园园、顾新、程强：《知识链协同效应作用机理实证研究》，《科学学研究》2015 年第 4 期。

简小珠、戴步云：《SPSS2 3.0 统计分析——在心理学与教育学中的应用》，北京师范大学出版社，2017。

杰弗里·A. 迈尔斯：《管理与组织研究必读的 40 个理论》，徐世勇等译，北京大学出版社，2017。

金丹：《基于计划行为理论的微信用户知识共享意愿影响因素研究》，硕士学位论文，北京邮电大学，2015。

克莱·舍基：《认知盈余：自由时间的力量》，中国人民大学出版社，2012。

雷雳、张雷：《多层线性模型的原理及应用》，《首都师范大学学报》（社会科学版）2002 年第 2 期。

李贺、彭丽徽、洪闯、刘金承、祝琳琳：《内外生视角下虚拟社区用户知识创新行为激励因素研究》，《图书情报工作》2019 年第 8 期。

李后卿、黄玉丽、莫文生：《知识链模型及其研究比较》，《情报杂志》2008 年第 7 期。

李力：《虚拟社区用户持续知识搜寻与持续知识贡献意愿关系研究》，《图书馆杂志》2017 年第 2 期。

李瑞：《供应链企业间知识共享与企业人力资本关系研究》，硕士学位论文，昆明理工大学，2017。

李志宏、李敏霞、何济乐：《虚拟社区成员知识共享意愿影响因素的实证研究》，《图书情报工作》2009 年第 12 期。

李志宏、朱桃、赖文娣：《高校创新型科研团队隐性知识共享意愿研究》，《科学学研究》2010 年第 4 期。

厉以宁：《教育的社会经济效益》，贵州人民出版社，1995。

厉以宁：《教育经济学研究》，上海人民出版社，1988。

梁林梅、李志：《从学习科学到教学实践变革——教师学习科学素养提升的关键概念与有效教学策略》，《现代教育技术》2018 年第 12 期。

梁林梅、孙俊华：《知识管理》，北京大学出版社，2011。

林东清：《知识管理理论与实务》，电子工业出版社，2005。

林慧岳、李林芳：《论知识分享》，《自然辩证法研究》2002 年第 8 期。

林筠、乔建麒：《基于员工知识差异的微观组织人力资本文述评与展望》，《管理现代化》2016 年第 5 期。

刘虹、李煜：《学术社交网络用户知识共享意愿的影响因素研究》，《现代情报》2020 年第 10 期。

刘洁：《虚拟社区中用户知识共享影响因素研究》，硕士学位论文，曲阜师范大学，2019。

刘宁：《社会化问答平台知识共享行为影响因素研究》，硕士学位论文，曲阜师范大学，2019。

刘臻晖：《教育虚拟社区知识共享机制研究》，博士学位论文，江西财经大学，2016。

卢谢峰、唐源鸿、曾凡梅：《效应量：估计，报告和解释》，《心理学探新》2011 年第 3 期。

罗国杰：《中国伦理学百科全书：伦理学原理卷》，吉林人民出版社，1993。

罗宾斯、李原、孙建敏：《组织行为学》（第七版），中国人民大学出版社，1997。

罗嘉颖、胡家琦、全玉娟、胡雅琦、杨女杰：《互动问答虚拟社区持续知识共享影响因素》，《电子测试》2018 年第 20 期。

马洪文、任玖杰、董洋：《汽车 4S 店维修服务知识管理研究》，ICASS，2011。

马如霞：《社会资本对企业社交网络中员工知识共享行为的影响机制研究》，硕士学位论文，江苏大学，2019。

孟凡强、王玉荣、孔祥云：《知识管理与协同商务平台》，《国际商报》2001 年第 6 期。

闵维方：《教育促进经济增长的作用机制研究》，《北京大学教育评论》2017 年第 3 期。

缪运：《大学生虚拟社区知识共享行为的影响因素研究——以小红书为例》，硕士学位论文，河北大学，2020。

潘天遥：《高科技企业知识员工人力资本对创新行为的影响研究》，硕士学位论文，南京邮电大学，2016。

彭琦：《学术社交网络用户持续知识共享行为研究》，硕士学位论文，湖北工业大学，2020。

齐文静、胡斌、杨坤、尤林、柳月：《分布式创新网络知识协同风险评价研究》，《科技管理研究》2017年第4期。

秦丹：《社会认知理论视角下网络学习空间知识共享影响因素的实证研究》，《现代远程教育研究》2016年第6期。

秦琴：《旅游虚拟社区用户应急知识共享影响因素研究》，硕士学位论文，西南科技大学，2020。

全力、顾新：《利益、结构、知识三因素与知识链组织之间的冲突线性结构关系实证分析》，《决策咨询》2017年第3期。

荣泰生：《AMOS与研究方法》（第2版），重庆大学出版社，2010。

申静、耿瑞利：《智库知识共享、智力资本与创新能力的作用关系研究》，《情报科学》2020年第6期。

盛小平：《知识管理：原理与实践》，北京大学出版社，2009。

单泪源、黄婧、彭丹旎：《基于TPB理论的项目成员知识共享行为研究》，《科技管理研究》2009年第7期。

单雪韩：《知识共享的影响因素分析与实现对策研究》，硕士学位论文，浙江大学，2003。

孙成江、洪艳：《虚拟健康社区知识共享影响因素研究——基于社会认知和感知互动视角》，《情报探索》2019年第10期。

孙环：《基于戴姆勒铸星教育现代学徒制项目的调研》，《内燃机与配件》2020年第9期。

孙顺达：《社会化问答社区用户知识共享意愿的影响因素研究》，

硕士学位论文，哈尔滨工业大学，2020。

孙瑜：《社会化问答平台用户知识共享意愿影响因素研究》，硕士学位论文，哈尔滨工业大学，2019。

谭大鹏、霍国庆：《企业知识转移的"双因素"分析》，《研究与发展管理》2006 年第 6 期。

谭旸、秦渴、袁勤俭：《激励机制对学术虚拟社区知识贡献效果的影响研究》，《现代情报》2020 年第 9 期。

唐婷：《移动学术虚拟社区用户知识转移行为影响因素研究》，硕士学位论文，西南科技大学，2019。

王超超：《在线用户社区成员知识贡献的驱动机制研究》，硕士学位论文，西安理工大学，2019。

王辰星：《社会化问答网站知识共享影响因素研究》，硕士学位论文，中国科学技术大学，2017。

王辞晓、杨钋、尚俊杰：《高校在线教育的发展脉络、应用现状及转型机遇》，《现代教育技术》2020 年第 8 期。

王东东：《社会化问答平台用户互动对知识共享意愿的影响研究》，硕士学位论文，浙江财经大学，2020。

王贵、李兴保：《虚拟社区知识共享影响因素调研与分析》，《中国电化教育》2010 年第 4 期。

王国保：《中国文化因素对知识共享、员工创造力的影响研究》，博士学位论文，浙江大学，2010。

王莉红、顾琴轩、许彦妮：《组织人力和社会资本与探索性和拓展性绩效：知识共享中介效应研究》，《人力资源管理评论》2010 年第 1 期。

王猛、李一奁、崔伟：《移动阅读用户知识共享行为影响因素研究》，《图书情报研究》2019 年第 2 期。

王梦倩、范逸洲、郭文革、汪琼：《MOOC 学习者特征聚类分析研究综述》，《中国远程教育（综合版）》2018 年第 7 期。

王宁、杨芮、周密、于玲玲：《求"表扬"还是求"批评"？反馈寻求性质对创造力的作用机制研究》，《科技进步与对策》2021 年第 3 期。

王姝：《网商平台众包模式的协同创新研究》，博士学位论文，浙江大学，2012。

王玮：《虚拟社区知识共享意愿影响因素研究》，硕士学位论文，安徽财经大学，2017。

王嫄、李建英、张勇、吴娟、伊恩晖、张雯、杜兆江（2021）：《眼底检查教学过程的改革》，《继续医学教育》2021 年第 3 期。

王兆祥：《知识转移过程的层次模型》，《中国管理科学》2006年第 3 期。

吴艾辉、朱仲良、黄道凤：《从"教师教"到"学生学"》，《力学与实践》2019 年第 5 期。

吴峰、李杰：《"互联网+"时代中国成人学习变革》，《开放教育研究》2015 年第 5 期。

吴峰、童小平、黄志刚、夏冰：《基于职位技能认证的企业数字化学习案例研究——以中国电信"大规模在线职位技能认证"项目为例》，《中国远程教育》2011 年第 3 期。

吴明隆：《结构方程模型——AMOS 的操作与应用》，重庆大学出版社，2010。

吴士健、刘国欣、权英：《基于 UTAUT 模型的学术虚拟社区知识共享行为研究——感知知识优势的调节作用》，《现代情报》2019年第 6 期。

徐锐、黄丽霞：《基于知识链理论的虚拟团队知识共享模型研究》，《情报科学》2010 年第 8 期。

许娅楠：《基于区块链的虚拟知识社区代币激励机制仿真研究》，

硕士学位论文，华南理工大学，2019。

杨陈、唐明凤、花冰倩：《关系型虚拟社区知识共享行为的影响机制——自我建构视角》，《图书馆论坛》2017 年第 4 期。

杨柠屹：《激励机制对新生代员工忠诚度的影响研究》，《现代商贸工业》2021 年第 4 期。

杨钋：《技能形成与区域创新：职业教育校企合作的功能分析》，社会科学文献出版社，2020。

杨颖：《知识经济时代的企业人力资源开发重在教育培训》，《北京大学学报》（哲学社会科学版）2001 年第 S1 期。

野中郁次郎、竹内弘高：《创造知识的企业——日美企业持续创新的动力》，知识产权出版社，2006。

叶伟巍、朱凌：《面向创新的网络众包模式特征及实现路径研究》，《科学学研究》2012 年第 1 期。

叶正茂、叶正欣：《组织人力资本：关于人力资本的拓展研究》，《马克思主义研究》2014 年第 9 期。

俞蔚：《团队成员咨询网络中心性对知识分享行为的影响机制研究》，硕士学位论文，江南大学，2017。

原丽丽：《电子商务网站开设虚拟社区相关问题研究》，硕士学位论文，太原科技大学，2008。

岳昌君、吴淑姣：《人力资本的外部性与行业收入差异》，《北京大学教育评论》2005 年第 4 期。

岳宇君、郦晓月：《非交易类虚拟社区持续知识共享意愿研究：共依附视角》，《北京邮电大学学报》（社会科学版）2020 年第 3 期。

张宸瑞：《教师网络研修社区中知识共享影响因素研究》，硕士学位论文，西北师范大学，2016。

张克永、李贺：《网络健康社区知识共享的影响因素研究》，《图书情报工作》2017 年第 5 期。

张雷、雷雳、郭伯良：《多层线性模型应用》，教育科学出版社，2003。

张利斌、张鹏程、王豪：《关系嵌入、结构嵌入与知识整合效能：人—环境匹配视角的分析框架》，《科学学与科学技术管理》2012 年第 5 期。

张蒙：《食品安全虚拟社区知识共享影响因素与作用机理研究》，博士学位论文，吉林大学，2016。

张卓元：《政治经济学大辞典》，经济科学出版社，1998。

赵爽、肖洪钧：《人力资本对企业绩效的影响——组织间学习的中介作用》，《现代管理科学》2016 年第 2 期。

赵秀清：《组织人力资本投资风险及原因的新探讨》，《技术经济与管理研究》2011 年第 2 期。

钟玲玲、王战平、谭春辉：《虚拟学术社区用户知识交流影响因素研究》，《情报科学》2020 年第 3 期。

周茜、谢雪梅、吕淼虹：《知识创新视角下知识链中知识协同风险评价与管控模型研究》，《科技管理研究》2020 年第 23 期。

左莉：《社交问答网站知识分享行为的影响因素及其机制研究》，硕士学位论文，华中师范大学，2017。

Agarwal, R., Prasad, J. (1998). A Conceptual and Operational Definition of Personalinnovativeness in the Domain of Information Technology. *Information Systems Research*, 9 (2), 204–215.

Ajzen, I. (1991). The Theory of Planned Behavior. *Organizational Behavior and Human Decision Processes*, 50 (2), 179–211.

Ajzen, I., Madden, T. J. (1986). Prediction of Goal – directed Behavior: Attitudes, Intentions, and Perceived Behavioral Control. *Journal of Experimental Social Psychology*, 22 (5), 453–474.

Anseel, F. , Beatty, A. S. , Shen, W. , Lievens, F. , Sackett, P. R. (2015). How Are We Doing after 30 Years? A Meta-analytic Review of the Antecedents and Outcomes of Feedback-seeking Behavior. *Journal of Management*, 41 (1), 318-348.

Appleyard, M. M. , Kalsow, G. A. (1999). Knowledge Diffusion in the Semiconductor Industry. *Journal of Knowledge Management*, 3 (4), 288-295.

Argote, L. , Ingram, P. , Levine, J. M. , Moreland, R. L. (2000). Knowledge Transfer in Organizations: Learning from de Experience of Others. *Organizational Behavior and Human Decision Processes*, 82 (1), 1-8.

Balde, M. , Ferreira, A. I. , Maynard, T. (2018). SECI Driven Creativity: The Role of Team Trust and Intrinsic Motivation. *Journal of Knowledge Management*, (8).

Bingley, P. , Westergaard-Nielsen, N. (2004). Personnel Policy and Profit. *Journal of Business Research*, 57 (5), 557-563.

Blanco-Mazagatos, V. , de Quevedo-Puente, E. , Delgado-García, J. B. (2018). Human Resource Practices and Organizational Human Capital in the Family Firm: The Effect of Generational Stage. *Journal of Business Research*, 84, 337-348.

Boons, M. , Stam, D. , Barkema, H. G. (2015). Feelings of Pride and Respect as Drivers of Ongoing Member Activity on Crowdsourcing platforms. *Journal of Management Studies*, 52 (6), 717-741.

Borenstein, M. , Hedges, L. V. , Higgins, J. P. T. , Rothstein, H. R. (2009). *Introduction to Meta-analysis*. Hoboken, NJ: John Wiley & Sons Inc.

Brabham, D. C. (2008). Crowdsourcing as a Model for Problem

Solving: An Introduction and Cases. *Convergence*, 14 (1), 75-90.

Cabello-Medina, C., López-Cabrales, Á., Valle-Cabrera, R. (2011). Leveraging the Innovative Performance of Human Capital Through HRM and Social Capital in Spanish Firms. *The International Journal of Human Resource Management*, 22 (4), 807-828.

Cabrera, N., Collins, W. C., Salgado, J. F. (2006). Determinants of Individual Engagement in Knowledge Sharing. *The International Journal of Human Resource Management*, 17 (2), 245-264.

Carron-Arthur, B., Cunningham, J. A., Griffiths, K. M. (2014). Describing the Distribution of Engagement in an Internet Support Group by Post Frequency: A Comparison of the 90 - 9 - 1 Principle and Zipf's Law. *Internet Interventions*, 1 (4), 165-168.

Chang, H. H., Chuang, S. S. (2011). Social Capital and Individual Motivations on Knowledge Sharing: Participant Involvement as a Moderator. *Information & Management*, 48 (1), 9-18.

Chiu, C. M., Wang, E. T. (2006). Understanding Knowledge Sharing in Virtual Communities: An Integration of Social Capital and Social Cognitive Theories. *Decision Support Systems*, 42 (3), 1872-1888.

Chowdhury, S., Schulz, E., Milner, M., David, V. (2014). Core Employee Based Human Capital and Revenue Productivity in Small firms: an Empirical Investigation. *Journal of Business Research*, 67 (11), 2473-2479.

Chumg, H. F., Seaton, J., Cooke, L., Ding, W. Y. (2016). Factors Affecting Employees' Knowledge-sharing Behaviour in the Virtual Organisation from the Perspectives of Well-being and Organisational behaviour. *Computers in Human Behavior*, 64, 432-448.

Cohen, J. (1977). *Statistical Power Analysis for Behavioral*

Sciences. Academic Press, 77-80.

Cohen, J. (1988). *Statistical Power Analysis for the Behavioral Sciences (2nd ed.)*. Hillsdale, NJ. Eribaum, 26, 413.

Combs, J. G., KetchenJr, D. J. (1999). Explaining Interfirm Cooperation and Performance: Toward a Reconciliation of Predictions from the Resource - based View and Organizational Economics. *Strategic Management Journal*, 20 (9), 867-888.

Compeau, D. R., Higgins, C. A. (1995). Computer self - efficacy: Development of a measure and initial test. *MIS Quarterly*, 189-211.

Compeau, D. R., Higgins, C. A., Huff, S. (1999). Social Cognitive Theory and Individual Reactions to Computing Technology: A Longitudinal Study. *MIS Quarterly*, 23 (2), 145-158.

Crook, T. R., Todd, S. Y., Combs, J. G., Woehr, D. J., Ketchen, D. J. (2011). Does Human Capital Matter? A Meta-analysis of the Relationship Between Human Capital and Firm Performance. *Journal of Applied Psychology*, 96 (3), 443.

Davis, F. D. (1989). Perceived Usefulness, Perceived Ease of Use, and User Acceptance of Information Technology. *MIS Quarterly*, 319-340.

Davis, F. D., Bagozzi, R. P., Warshaw, P. R. (1989). User Acceptance of Computer Technology: A Comparison of Two Theoretical Models. *Management Science*, 35 (8), 982-1003.

Davis, F. D., Bagozzi, R. P., Warshaw, P. R. (1992). Extrinsic and Intrinsic Motivation to Use Computers in the Workplace 1. *Journal of Applied Social Psychology*, 22 (14), 1111-1132.

De Grip, A., Sieben, I. (2005). The Effects of Human Resource

Management on Small Firms' Productivity and Employees' Wages. *Applied Economics*, 37, 1047−1054.

Deci, E. L. (1975). *Intrinsic Motivation*. Plenum Press.

Deci, E. L., Ryan, R. M. (2000). The What and Why of Goal Pursuits: Human Needs and the Self − determination of Behavior. *Psychological Inquiry*, 11, 227−268.

Dixon, N. M. (1992). Organizational Learning: A Review of the Literature with Implications for HRD Professionals. *Human Resource Development Quarterly*, 3 (1), 29−49.

Drexel, N. (2015). Knowledge Creation in New Ventures Based on Theseci Model: Similarities and Differences Between Japan, South Korea, and Austria. *Vienna Journal of East Asian Studies*, 6 (1), 1−34.

Edelmann, N., Höchtl, J., Sachs, M. (2012). Collaboration for Open Innovation Processes in Public Administrations. In *Empowering Open and Collaborative Governance*, (pp. 21 − 37). Springer, Berlin, Heidelberg.

EY Consulting. (2013). *The Knowledge Advantage Report 2013*.

Farnese, M. L., Barbieri, B., Chirumbolo, A., Patriotta, G. (2019). Managing Knowledge in Organizations: A Nonaka's Seci Model Operationalization. *Frontiers in Psychology*, 10, 2730.

Frey, K., Haag, S., Schneider, V. (2011). The Role of Interests, Abilities, And Motivation in Online Idea Contests. In *10th International Conference on Wirtschaftsinformatik A. Bernstein and G. Schwabe*, 395−403.

Guan, T., Wang, L., Jin, J., Song, X. (2018). Knowledge Contribution Behavior in Online Q&A Communities: An Empirical Investigation. *Computers in Human Behavior*, 81, 137−147.

Ham, C. D., Lee, J., Hayes, J. L., Han, Y. (2019). Exploring Sharing Behaviors Across Social Media Platforms. *International Journal of Market Research*, *61* (2), 157–177.

Hao, Q., Yang, W., Shi, Y. (2019). Characterizing the Relationship between Conscientiousness and Knowledge Sharing Behavior in Virtual Teams: Aninteractionist Approach. *Computers in Human Behavior*, *91*, 42–51.

Higgins, J. P., Thompson, S. G., Deeks, J. J., Altman, D. G. (2003). Measuring Inconsistency in Meta–analyses. *BMJ*, 327 (7414), 557–560.

Hitt, M. A., Bierman, L., Shimizu, K., Kochhar, R. (2001). Direct and Moderating Effects of Human Capital on Strategy and Performance in Professional Service Firms: A Resource Based Perspective. *Academy of Management Journal*, 44 (1), 13–29.

Holsapple, C. W., Singh, M. (2001). The Knowledge Chain Model: Activities for Competitiveness. *Expert Systems with Applications*, *20* (1), 77–98.

Hoseini, M., Saghafi, F., Aghayi, E. (2019). A Multidimensional Model of Knowledge Sharing Behavior in Mobile Social Networks. *Kybernetes*, *48* (5), 906–929.

Howe, J. (2006). The Rise of Crowdsourcing. *Wired Magazine*, *14* (6). 1–5.

Hox, J. (1998). Multilevel Modeling: When and Why. In Balderjahn, I., Mathar, R., Schader, M. *Classification*, *Data Analysis*, *and Data Highways* (pp. 147–154). Springer, Berlin, Heidelberg.

Hsu, I. C., Lin, C. Y. Y., Lawler, J. J., Wu, S. H. (2007). Toward a Model of Organizational Human Capital Development: Preliminary evidence from Taiwan. *Asia Pacific Business Review*, *13* (2), 251-275.

Jackson, C. B., Østerlund, C., Mugar, G., Hassman, K. D., Crowston, K. (2015). Motivations for Sustained Participation in Crowdsourcing: Case Studies of Citizen Science on the Role of Talk. In *2015 48th Hawaii International Conference on System Sciences* (pp. 1624-1634).

Jeon, H. G., Lee, K. C. (2020). Emotional Factors Affecting Knowledge Sharing Intentions in the Context of Competitive Knowledge. *Network Sustainability*, *12* (4).

Jeppesen, L. B., Frederiksen, L. (2006). Why Do Users Contribute to Firmhosted User Communities? The Case of Computer-controlled Music Instruments. *Organization Science*, *17* (1). 45-63.

Jiang, K., Lepak, D. P., Hu, J., Baer, J. C. (2012). How Does Human Resource Management Influence Organizational Outcomes? A Meta- analytic Investigation of Mediating Mechanisms. *Academy of Management Journal*, *55* (6), 1264-1294.

Jurczak, J. (2008). Intellectual Capital Measurement Methods. *Economics and Organization of Enterprise*, *1* (1), 37-45.

Kang, K., Kwak, M., Shin, S. K. (2018). A Calculus of Virtual Community Knowledge Intentions: Anonymity and Perceived Network - structure. *Journal of Computer Information Systems*, *58* (2), 110-121.

Kang, Y. J., Lee, J. Y., Kim, H. W. (2017). A Psychological Empowerment Approach to Online Knowledge Sharing. *Computers in Human Behavior*, *74*, 175-187.

Kankanhalli, A., Tan, B. C. Y., Wei, K. K. (2005). Contributing Knowledge to Electronic Knowledge Repositories: An Empirical Investigation. *MISQuarterly*. *29* (01). 113-143.

Kim, T. (2015). Impacts of Learning Interventions on Organizational

Human Capital and Performance. *Performance Improvement Quarterly*, *27* (4).

Kitchenham, B. (2007). *Guidelines for Performing Systematic Literature Reviews in Software Engineering*. Keele University and University of Durham. EBSE Technical Report. V2. 1-65.

Kleeman, F., Gunter, Voss G., Rieder, K. (2008). Un (der) paid Innovators: The Commercial Utilization of Consumer Work Through Crowdsourcing. *Science*, *Technology & Innovation Studies*, *4* (1). 5-26.

Kogut, B., Zander, U. (1992). Knowledge of the Firm, Combinative Capabilities, and the Replication of Technology. *Organization Science*, *3* (3), 383-397.

Kosonen, M., Chunmei, G., Vanhala, M., Blomqvist, K. (2014). User Motivation and Knowledge Sharing in Idea Crowdsourcing. *International Journal of Innovation Management*, *18* (05). 1-23.

Krasonikolakis, I., Vrechopoulos, A., Pouloudi, A. (2014). Store Selection Criteria and Sales Prediction in Virtual Worlds. *Information & Management*, 51 (6), 641-652.

Kumi, R., Sabherwal, R. (2019). Knowledge Sharing Behavior in Online Discussion Communities: Examining Behavior Motivation from Social and Individual Perspectives. *Knowledge and Process Management*, *26* (2), 110-122. doi: 10. 1002/kpm. 1574

Lai, H. M., Chen, T. T. (2014). Knowledge Sharing in Interest Online Communities: A Comparison of Posters Andlurkers. *Computers in Human Behavior*, *35*, 295-306.

Lee, K. H., Hyun, S. S. (2016). The Effects of Tourists' Knowledge-sharing Motivation on Online Tourist Community Loyalty: The Moderating Role of Ambient Stimuli. *Current Issues in Tourism*, 1-26.

Lenart - Gansiniec, R. (2017). Virtual Knowledge Sharing in Crowdsourcing: Measurement Dilemmas. *Journal of Entrepreneurship Management and Innovation. 13* (3). 95-123.

Lepak, D. P., Snell, S. A. (2002). Examining the Human Resource Architecture: The Relationships Among Human Capital, Employment, and Human Resource Configurations. *Journal of Management, 28* (4), 517-543.

Li, G., Feng, Y. (2011). Study on Knowledge Sharing Pattern in Industry Clusters Based on SECI Expand Model. In *8th International Conference on Innovation and Management* (pp. 911-915).

Li, Y. N., Zhang, L. Y. (2015). Governing the Knowledge Sharing Forrepatriates with SECI Model: An Empirical Test. (eds.) Proceedings of 2015 2nd *International Conference on Education, Management and Computing Technology* (ICEMCT 2015) (pp. 1571 - 1574). Atlantis Press.

Liang, J. S. (2020). A Process - based Automotive Troubleshooting Service and Knowledge Management System in Collaborative Environment. *Robotics and Computer-Integrated Manufacturing, 61*, 101836.

Liao, T. H. (2017). Developing an Antecedent Model of Knowledge Sharing Intention in Virtual Communities. *Universal Access in the Information Society, 16* (1), 215-224.

Lin, H. F. (2007). Knowledge Sharing and Firm Innovation Capability: An Empirical Study. *International Journal of Manpower, 28*, 315-332.

Liou, D. K., Chih, W. H., Yuan, C. Y., Lin, C. Y. (2016). The Study of the Antecedents of Knowledge Sharing Behavior. *Internet Research, 26* (4), 845-868.

Lipsey, M. W. , Wilson, D. B. (2001). *Practical Meta - analysis*. Thousand Oaks, Calif. : Sage Publications.

Lopez - Cabrales, A. , Valle, R. , Herrero, I. (2006). The Contribution of Core Employees to Organizational Capabilities and Efficiency. *Human Resource Management*, *46* (1), 81-109.

Maas, C. J. , Hox, J. J. (2005). Sufficient Sample Sizes for Multilevel Modeling. *Methodology*, *1* (3), 86-92.

Martinez, M. G. (2017). Inspiringcrowdsourcing Communities to Create Novel Solutions: Competition Design and the Mediating Role of Trust. *Technological Forecasting and Social Change*, *117*, 296-304.

Masters, J. K. , Miles, G. (2002). Predicting the Use of External Labor Arrangements: A Test of the Transaction Costs Perspective. *Academy of Management Journal*, *45* (2), 431-442.

Merkevičius, J. , Uturytė, L. (2008). Virtual and Traditional Organizations-singularity of Personnel Motivation. *Social Research*, (3), 119-126.

Mierlo, T. V. (2014). The 1% Rule in Four Digital Health Social Networks: an Observational Study. *Journal of Medical Internet Research*, *16* (2), e33.

Mincer, J. (1989). Human Capital and the Labor Market: a Review of Current Research. *Educational Researcher*, *18* (4), 27-34.

Moore, G. C. , Benbasat, I. (1991). Development of an instrument to measure the perceptions of adopting an information technology innovation. *Information Systems Research*, *2* (3), 192-222.

Moore, G. C. , Benbasat, I. (1996). Integrating Diffusion of Innovations and Theory of Reasoned Action Models to Predict Utilization of Information Technology by End - users. Inautz, K. , & Pries - Heje,

J. Diffusion and Adoption of Information Technology (pp. 132-146). Springer, Boston.

Nadae, J. D., MMD Carvalho. (2017). A Knowledge Management Perspective of the Project Management Office. *Brazilian Journal of Operations & Production Management, 14* (3), 350.

Nambisan, S., Baron, R. A. (2007). Interactions in Virtual Customer Environments: Implications for Product Support and Customer Relationship Management. *Journal of Interactive Marketing, 21* (2), 42-62.

Nielsen, J. (2006). *The 90-9-1 Rule for Participation Inequality in Social Media and Online Communities.* Retrieved from http://www.nngroup.com/articles/participation-inequality

Nonaka, I., Takeuchi, H. (1995). The Knowledge Creating Company. *Harvard business review, 1*, 995.

Oi, W. (1962). Labor as Quasi-fixed Factor of Production. *Joumal of Political Economy, 70*, 538-555.

Park, J., Gabbard, J. L. (2018). Factors that Affect Scientists' Knowledge Sharing Behavior in Health and Life Sciences Research Communities: Differences Between Explicit and Implicit Knowledge. *Computers in Human Behavior, 78*, 326-335.

Pasban, M., Nojedeh, S. H. (2016). A Review of the Role of Human Capital in the Organization. *Procedia - Social and Behavioral Sciences, 230*, 249-253.

Polanyi, M. (1966). The Logic of Tacit Inference. *Philosophy, 41* (155), 1-18.

Prahalad, C. K., Hamel, G. (1990). The Core Competence of the Corporation. *Harvard Business Review, 68* (3), 79-92.

Preece, J., Shneiderman, B. (2009). The Reader - to - leader Framework: Motivating Technology - mediated Social Participation. *AIS Transactions on Human-Computer Interaction*, *1* (1), 13-32.

Quinn, J., Anderson, P., Finkelstein, S. (1996). Leveraging Intellect. *The Academy of Management Journal (1993-2005)*, *19* (4).

Rheingold, H. (1993). *The Virtual Community: Homesteading on the Electronic Frontier*. Retrieved from http://www.rheingold.com/vc/book

Roberts, J., Hann, I., Slaughter, S. (2006). Understanding the Motivations, Participation and the Performance of Open Source Software Developers: A Longitudinal Study of the Apache Projects. *Management Science*, *52* (7), 984-999.

Rothstein, H. R., Sutton, A. J., Borenstein, M. (Eds.). (2006). *Publication Bias in Meta - analysis: Prevention, Assessment and Adjustments*. John Wiley & Sons.

Ruggles, R. (1996). *Knowledge Management Tools*. Butterworth Heinemann.

Schultz, T. W. (1961). Investment in Human Capital. *American Economic Review*, *51* (1), 1-17.

Soliman, F. (2015). Could Knowledge Management Drive Sustainability? *Board Members*, *59*.

Stewart, T. A. (1997). *Intellectual Capital: the New Wealth of Nations*. New York Doubleday.

Subramaniam, M., Youndt, M. A. (2005). The Influence of Intellectual Capital on the Types of Innovative Capabilities. *Academy of Management Journal*, *48* (3), 450-463.

Sunardi, O. (2017). Linking Human Capital and Enterprise Sustainability in Indonesian Medium - sized Food Manufacturing

Enterprises: The Role of Informal Knowledge Sharing Practice. In *IOP Conference Series: Materials Science and Engineering* (Vol. 277, No. 1, p. 012040). IOP Publishing.

Susarla, A., Liu, D., Whinston, A. B. (2004). Peer – to – peer Enterprise Knowledge Management. In *Handbook on Knowledge Management* (pp. 129–139). Springer Berlin Heidelberg.

Szulanski, G. (2000). The Process of Knowledge Transfer: A Diachronic Analysis of Stickiness. *Organizational Behavior and Human Decision Processes*, 82, 9–27.

Takahashi, M., Fujimoto, M., Yamasaki, N. (2003). The Active Lurker: Influence of an In – house Online Community on Its Outside Environment. In *Proceedings of the 2003 international ACM SIGGROUP conference on supporting group work* (pp. 1–10).

Taylor, S., Todd, P. A. (1995a). Assessing IT usage: The Role of Prior Experience, *MIS Quarterly*, *19* (2), 561–570.

Taylor, S., Todd, P. A. (1995b). Understanding Information Technology Usage: A Test of Competing Models. *Information Systems Research*, *6* (4), 144–176.

Tedjamulia, S. J., Dean, D. L., Olsen, D. R., Albrecht, C. C. (2005). Motivating Content Contributions to Online Communities: Toward a More Comprehensive Theory. In *Proceedings of the 38th annual Hawaii international conference on system sciences* (pp. 193b–193b).

Thompson, R. L., Higgins, C. A., Howell, J. M. (1991). Personal Computing: Toward a Conceptual Model of Utilization. *MIS Quarterly*, 125–143.

Trivers, R. L. (1971). The Evolution of Reciprocal Altruism. *The Quarterly Review of Biology*, *46* (1), 35–57.

Tsai, M. T. , Chang, H. C. , Cheng, N. C. , Lien, C. C. (2013) . Understanding IT Professionals' Knowledge Sharing Intention Through KMS: A Social Exchange Perspective. *Quality & Quantity*, *47* (5), 2739–2753.

VanTeijlingen, E. R. , Rennie, A. M. , Hundley, V. , Graham, W. (2001) . The Importance of Conducting and Reporting Pilot Studies: The Example of the Scottish Births Survey. *Journal of Advanced Nursing*, *34* (3), 289–295.

Vargas, N. , Lloria, M. B. , Roig–Dobon, S. (2016) . Main Drivers of Human Capital, Learning and Performance. *The Journal of Technology Transfer*, *41* (5), 961–978.

Venkatesh, V. , Morris, M. G. , Davis, G. B. , Davis, F. D. (2003) . User Acceptance of Information Technology: Toward a unified view. *MIS Quarterly*, 425–478.

Vries, J. D. , Schepers, J. , Weele, A. V. , Valk, W. (2014) . When Do They Care to Share? How Manufacturers Make Contracted Service Partners Share Knowledge. *Industrial Marketing Management*, *43* (7), 1225–1235.

Wang, C. C. , Lai, C. Y. (2006) . Knowledge Contribution in the Online Virtual Community: Capability and Motivation. In *International Conference on Knowledge Science, Engineering and Management* (pp. 442–453) . Springer, Berlin, Heidelberg.

Wasko, M. , Faraj, S. (2000) . "It Is What One Does": Why People Participate and Help Others in Electronic Communities of Practice. *The Journal of Strategic Information Systems*, *9* (2), 155–173.

Wasko, M. , Faraj, S. , Teigland, R. (2004) . Collective Action and Knowledge Contribution in Electronic Networks of Practice. *Journal of the*

Association for Information Systems, 5 (11), 493–513.

Weatherly, L. A. (2003). Human Capital—the Elusive Asset; Measuring and Managing Human Capital: A Strategic Imperative for HR. *Research Quarterly*, Retrieved from http://www.shrm.org/research/quarterly/0301capital.pdf

Wiertz, C., de Ruyter, K. (2007). Beyond the Call of Duty. Why Consumers Contribute to Firm – hosted Commercial Online Communities. *Organization Studies*, 28 (3), 347–376.

Yang, C. C., Lin, Y. Y. (2009). Does Intellectual Capital Mediate the Relationship Between HRM and Organizational Performance? Perspective of a Healthcare Industry in Taiwan. *International Journal of Human Resource Management*, 20 (9), 1965–1984.

Yang, H. L., Lai, C. Y. (2011). Understanding Knowledge Sharing Behaviour Inwikipedia. *Behaiour & Information Technology*, 30 (1), 131–142.

Ye, H., Kankanhalli, A. (2017). Solvers' Participation in Crowdsourcing Platforms: Examining the Impacts of Trust, and Benefit and cost Factors. *Journal of Strategic Information Systems*, 26 (2), 101–117.

Youndt, M. A., Snell, S. A. (2004). Human Resource Configurations, Intellectual Capital, and Organizational Performance. *Journal of Managerial Issues*, 16 (3), 337–360.

Zhang, D. P., Zhang, F. L., Lin, M. F., Du, H. S. (2017). Knowledge Sharing Among Innovative Customers in a Virtual Innovation Community: The Roles of Psychological Capital, Material Reward and Reciprocal Relationship. *Online Information Review*, 41 (5), 691–709.

Zhang, L. L., Zhao, M. H., Wang, Q. (2016). Research on Knowledge Sharing and Transfer in Remanufacturing Engineering

Management Based on SECI Model. *Frontiers of Engineering Management*, 3 (2), 136-143.

Zhang, X., Liu, S., Chen, X., Gong, Y. Y. (2017). Social Capital, Motivations, and Knowledge Sharing Intention in Health Q&A Communities. *Management Decision*, 55 (7), 1536-1557.

Zhou, T. (2018). Understanding Online Knowledge Community User Continuance: A Social Cognitive Theory Perspective. *Data Technologies and Applications*, 52 (3), 445-458.

后　记

　　本书是在北京大学教育学院杨钋副教授、吴峰教授，中国人民大学胡平教授的悉心指导下，在北京大学教育学院多位老师的帮助下完成的。进入北京大学教育学院攻读博士时，距离我硕士毕业已 10 余年，个人的知识和研究方法都亟待更新。

　　何其幸运，我得到了三位导师的倾心指导。在此，我要特别向我的三位指导老师表达最诚挚的谢意！吴峰教授是我的第一任导师，在研究方向上为我进行了精心的设计和规划，在理论学习、研究方法等各方面启发我开阔思路，鼓励我积极创新，在精神上给予我支持和关怀，使我在这一段宝贵的时光中，增长了知识、培养了科研精神、提升了科研素养。在研究过程中，吴老师还一直指导我学以致用、产学研相结合。本书课题来自我的实践工作，课题的研究成果也已应用于工作中并转化为项目成果，正在向全球推广。

　　感谢杨钋老师，是她在教育经济方向的研究上给予了我无私的帮助和指导。从研究方法、研究工具到写作范式，一次次耐心指导，逐字逐句修改，有时在深夜完成网络教学后，还带着沙哑的嗓音在线辅导我论文，一谈就是一个多小时。杨钋老师还组建了博士互助群（EDD），在群里邀请已经毕业的师兄师姐分享论文写作的心得，让我和很多同学受益匪浅。每次见到杨钋老师，都会被她的笑容感染。杨老师积极乐观的精神、对学生的倾情付出和无私关怀、严谨治学的态度，都为我树立了人生榜样。感谢吴峰和杨钋两位导师，引领了我的博士生涯，丰富了我的精神世界。

　　感谢我的校外导师中国人民大学胡平教授，她在心理学理论和心理学实验方法方面给了我悉心和无私的指导，让我丰富了视野、扩宽了领域。不仅如此，胡平教授在生活上和心态上还经常给予我帮助和鼓励，是我人生道路上的良师益友。

　　感谢北京大学教育学院各位授课老师的关怀和指导。感谢我的班主任贾积有老师在我求学期间亲切的关怀、耐心的督促和鼓励。感谢文东茅老师提出的"心怀天下，学至精微"的教育理想让我重新审视人生目标；感谢丁小浩、陈晓宇、丁延庆、蒋承、马莉萍、郭丛斌、郭建如、哈巍、朱红、郭文革、尚俊杰、汪琼、吴筱萌、王爱华、刘明兴老师在各个培养阶段对我论文的指导，感谢岳昌君老师在统计方法上的指导。感谢北京大学教育学院，让我感受到了家一样的温暖，让我的思想和灵魂获得了一个栖息之地，也让我在教育家们的精神滋养下树立了立德树人的人生理想。

　　感谢本书的研究对象——AQA 平台的所有方对此项科研工作的支持和帮助。该公司在汽车研发、知识管理方面给予了充分重视，为本书提供了丰厚的信息支持和文化土壤。

　　感谢我的家人，感谢父母、爱人的包容和支持。家人的支持是我努力前行的原动力。

陈洁

2022 年 10 月

图书在版编目（CIP）数据

知识共享的原动力：来自企业教育虚拟社区的观察／

陈洁著 . --北京：社会科学文献出版社，2022.11（2023.9 重印）

（创新教育文库）

ISBN 978 - 7 - 5228 - 0740 - 9

Ⅰ.①知… Ⅱ.①陈… Ⅲ.①互联网络 - 应用 - 企业

管理 - 研究 Ⅳ.①F272.7

中国版本图书馆 CIP 数据核字（2022）第 170197 号

· 创新教育文库 ·

知识共享的原动力：来自企业教育虚拟社区的观察

著 者／陈 洁

出 版 人／冀祥德
组稿编辑／任文武
责任编辑／郭 峰
文稿编辑／吴尚昀
责任印制／王京美

出 版／社会科学文献出版社·城市和绿色发展分社（010）59367143
地址：北京市北三环中路甲 29 号院华龙大厦 邮编：100029
网址：www.ssap.com.cn
发 行／社会科学文献出版社（010）59367028
印 装／三河市龙林印务有限公司

规 格／开 本：787mm×1092mm 1/16
印 张：14.25 字 数：188 千字
版 次／2022 年 11 月第 1 版 2023 年 9 月第 2 次印刷
书 号／ISBN 978 - 7 - 5228 - 0740 - 9
定 价／65.00 元

读者服务电话：4008918866